U0050826

序

朱高正先生把他最新的一部書定名為《獄中自白》，其實這是他對促進兩岸關係，解決中國統一問題，推動中國走向現代化的民主憲政道路的設計書和建議書，其意義是十分重大的。

朱先生這本書的特點是：不僅就事論事，而是以統一問題為中心進行全面的考察，從歷史到當今，從世界到中國，從抽象到具體，從理想到實際，一一條分縷析，要求能得到一個可以為兩岸人民所同意，兩岸當局所接受的切實可行的方案來，真可以說是體大思精，在兩岸學者中甚為稀有。因此這部十萬餘言的著作實在可以稱得上是一部鴻篇巨著。

朱先生是一九九六年夏天我在美國坎布里奇訪問時，應中國大使館的要求，到華盛頓參加一個討論兩岸關係的會議時才認識的。當時他曾對我講，要討論和解決中國的問題，第一個先決條件是必須站穩愛國主義（也就是孫中山所倡導的民族主義）的立場；又一個必要條件是必須站穩民主主義（也就是孫中山所倡導的民權主義）的立場。只有站穩了這兩個立場，中國人才有解決任何中國問題的可能。五年以來，我對朱先生的了解逐步深入，認為朱先生是能夠實踐自己的信念的。

在這部書裡，朱先生討論了全世界從啟蒙到實現現代化的歷史和各種思潮，也討論了中國從鴉片戰爭以來對現代化的嚮往、挫折與成就，既全面又深刻。但是重點則是本書的第三章〈從維持現狀走向延續「重慶會談」的兩岸談判〉，其中明確提出海峽兩岸可以在一九四六年國共談判中斷的地方重新開始談判。國民黨和共產黨在中國近代史上是實力最強、影響最廣的兩大對立的政治力量，能把中國近代各派政治力量、利益集團與學理思潮都吸附在自己的周圍。因此抗戰勝利後根據兩黨領袖蔣中正與毛澤東親自締結的協議，在重慶—南京舉行的國共談判，不但有當時國內的各黨各派與無黨派人士（當時叫社會賢達）參加，而且目標也是完全一致的，就是在抗戰救亡的目標達成以後，實現中國人民的百年大願——實行民主憲政。因此這次談判實際上是中國歷史上代表性最廣泛、最民主的全民大討論。雖然由於種種原因而談判最後歸於破裂，但是已達成的協議，仍然具有無可置疑的道義權威。

我當時還只是一個剛從大學畢業的青年人，因為在新華日報工作，除了從報紙上了解談判的進展和挫折，共識和分歧外，還可以不時聽到中共代表周恩來和董必武等人的傳達。不過事隔半個世紀以上，記憶不免模糊，只是還記得對我們這個五千年古國在報仇雪恥以後即將新生的憧憬，記得隨時交替的希望與失望、激動與沮喪而已。但是朱高正先生廣事搜羅，細加研究，分析出其中已經達成協議的原則應當成為海峽兩岸今後共同追求的目標，已經因為事過境遷而失去意義的（如雙方對日軍受降和雙方對領土的控制等問題），以及應當在過去失敗的基礎上重新尋求共識的三個部份，由此重拾墜緒，再開新局。這也是《易經》所說「剝極必復」，「復其見天地之心乎」的意思。

朱先生不但是一位民主戰士，而且是一位政治藝術家，既有排除萬難、不怕犧牲的決心，又有水滴石穿、繩鋸木斷的耐性。他為臺灣民主化所作的貢獻已經載入史冊。因此我雖然認為他現在所從事的是更加艱難的工作，但是他年富力強，近十年來為統一大業奔走於海峽兩岸以至太平洋與大西洋的彼岸已達百次以上，他不但在臺灣已經是大有影響力的人物，在大陸也有許多朋友。最近，在大陸提出西部大開發的國策以後，他一方面建議大陸廣泛吸引臺灣的人才參與各項開發事業；一方面又積極動員臺灣人才來大陸，僕僕道途，不辭勞苦。我深信他的目標（也是我的目標和全體中國人的目標）是一定可以達到的。

朱先生在本書中專門有一章討論當代世界兩大思潮——自由主義與社會主義在世界和中國的淵源和互動的問題。這是言簡意賅，寫得很好的一章。統一以後的中國的政治—經濟—社會制度也不會出朱先生所討論的範圍之外。我想強調的只是，不論中國人民（包括臺灣人民在內）作什麼樣的選擇，或者交替選擇兩者，都是實現現代化的民主憲政以後的事情。孫中山曾希望「舉政治革命、社會革命畢其功於一役」。毛澤東當年即曾指出這是不可能的，朱先生也看到了這一點。因此，對早已實現了現代化的先進國家來說，往往是政治民主先行，在經濟有發展以後，社會福利政策再跟上。而在後進國家，尤其以在二十世紀下半期取得突出成績的東亞國家為例，則往往是經濟先起飛，然後民主憲政再跟上，而且非跟上不可。這似乎已成了一條規律，中國恐怕也難例外。鄧小平不就說過嗎：「只搞經濟體制改革，不搞政治體制改革，經濟體制改革也行不通」。

大陸與臺灣近幾十年來經濟都有發展。現在在經濟上的目標是都要加入世界貿易組織，進一步與世界經濟接軌，趕上全球化的潮流。在政治制度上兩岸差距較大，所以鄧小平提出「一個國家，兩種制度」，以此緩解兩者的矛盾，解決統一的基礎。但是「一國兩制」並不排除在實行民主憲政這個大方向上的趨同。朱高正先生熟知臺灣內情，他對臺灣從戒嚴到解嚴，從解嚴到實現不很像樣的民主化，有親知親歷的敘述。我在八十年代也曾對臺灣情況作過一些研究，也曾接觸過不少臺灣朋友，但是看了朱先生的書才啞然自笑自己的無知，特別是不了解臺獨思想是如何產生的，因此也不懂得應當如何才能予以消解。因此，我以為每一個關心祖國統一問題的中國人，尤其專門研究臺灣問題，從事對臺工作的人，都應當認真讀一讀朱先生的這本書，一定可以從中得到不少教益。

朱先生的愛國主義立場表現在他一貫主張「唯有建立文化主體意識才能培養出有自信，有自尊的現代化國民，唯有現代化的國民才能建立現代化的國家」。他認為號稱「群經之首」的《周易》是中國傳統文化的「大本大根」，自中學時代起就以「振興易學，再造中華」為己任。因此在本書末章即專論「重建中國文化主體意識對建設有中國特色社會主義的現實意義」。對於關心中國現代化的過去與未來的人，十分值得一讀。

朱先生何以入獄？據他告訴我是導源於十幾年前的一次政治鬥爭，被認為犯有誹謗罪。對方屢次控告、屢次敗訴。而這一次，朱先生決定本著「冤家宜解不宜結」的精神，也本著解除對方心理負擔的精神，主動承認有罪，表示不再上訴，並且請求法庭一定要判他監禁一個月，同時自己也得到了一段清心反思的時間，其結果就是這部《獄中自白》。

我問朱先生：「獄中一個月，你最得益於《易經》的是哪一卦？」他回答說是第十五卦謙卦。照他自己在《周易六十四卦通解》中的解釋：「謙為有德不居，有功不伐之意。……尊貴者能謙，則其德愈為光明；卑賤者能謙，則其行必不逾禮」。朱先生的氣度與學力於此可見。

朱先生是一個學有本原、學有宗旨的人，也是一個知行合一，以實踐力行所學的人，讀者只要讀完本書，就可以證明我的話。二十世紀已近尾聲，再過一個多月，世界就要進入二十一世紀了。我最後只想重複一下今年春上才逝世的世紀老人吳大猷先生（一九〇七—二〇〇〇）幾年前為朱先生的《納約自牖》一書所作的序中的話：「他的思想一定會對二十一世紀的中國產生極大的影響。」

李慎之

二〇〇〇年十一月十五日

獄中自白
——論臺灣前途與兩岸關係

目錄

一、解嚴後臺灣兩大政治問題及其質變

一八四〇年鴉片戰爭粉碎了清廷「天朝上國」的迷夢，爾後的太平天國起義更是大傷滿清王朝的元氣。當時中國雖有不少有識之士力主「師夷之長技以制夷」，興辦新式學堂，派遣留學生赴海外求學，希望經由洋務運動可以振衰起敝，力挽狂瀾。然而當時朝綱不振，大權掌握在滿清貴族與守舊大臣手中，因此洋務運動成效不彰。反觀日本自一八五三年被美國打破鎖國政策後，德川幕府即成為眾矢之的，一批維新志士仿效中國春秋時代晉文公，提出「尊王攘夷」的口號，要求幕府奉還大政，全力西化，這就開啟了「明治維新」。

一八九四年，日本國勢蒸蒸日上，且其國內「征韓論」高唱入雲，朝鮮問題就成為引爆中日甲午戰爭的導火線。結果清廷不僅陸戰慘敗，在海戰中還賠上了在洋務運動中辛苦經營出來的整個北洋艦隊。這使得清廷被迫在翌年簽訂的馬關條約中將臺灣割讓給日本。

一九〇四年，日本再度為了爭奪在中國東北的利益而與俄羅斯爆發衝突。結果俄羅斯陸軍在關鍵的旅順口二〇三高地一役敗北，而其遠涉重洋而來的波羅的海艦隊，也在日本海決戰中被聯合艦隊所殲滅。日俄戰爭使得日本躋身世界強國之林，與英、法、德、義等國並駕齊驅。這無異助長了日本軍國主義的氣焰，日本加強侵略中國，積極干涉中國的內政：戊戌政變後提供康有為政治庇護；透過臺灣總督府資助孫中山革命；到民國成立後製造五三濟南慘案，意圖阻撓北伐軍北上；以至於一九三一年發動九一八事變，扶持偽滿政權，繼而在華北成立冀東防共自治政府，終於在一九三七年發動七七事變，企圖「三月亡華」。由於國共第二次合作，領導全國軍民，堅決反抗日本侵略，再加上日本於一九四一年十二月八日偷襲美國珍珠港，引爆太平洋戰爭，中國抗日獲得同盟國的大力支持。日本終於在一九四五年八月十四日宣布無條件投降，並依開羅會議宣言，將臺灣歸還中國。因此，臺灣在同年十月二十五日光復，重回祖國懷抱。但僅只四年，隨著國共內戰形勢的惡化，一九四九年國民黨政府終於被迫放棄大陸，撤守臺灣。

但不幸的是，臺灣才回到祖國的懷抱不到一年半，就發生二二八事件，導致數以千計的臺灣同胞慘遭殺害，其中還包括不少臺灣社會的菁英份子。這使得臺灣同胞對這個「祖國」的感情發生鉅變：由仇恨外省人而敵視中國。其實，日本投降以後，大陸在淪陷區的接收過程中，由於接收官員貪污腐敗，導致大規模民變何止十次，但影響卻沒有二二八深遠。因為臺灣畢竟已被割讓給日本五十一年，後來又成為內戰落敗的國民黨政府的「復興基地」，而且臺灣的經濟社會乃至於政治體制與大陸的社會主義體制大有不同。這都使得二二八成為醞釀臺獨的根本原因。

國民黨未能記起歷史教訓

更不幸的是，遷臺後的國民黨不懂得記取當年晉室南遷的歷史教訓。赤壁之戰十二年之後，亦即公元二二〇年，曹操的兒子曹丕篡漢，建立魏朝，開啟了魏、蜀、吳三國鼎立的時代。後來蜀為魏所滅，魏則為司馬炎於公元二六五年所篡，是為晉朝。當時因為吳國地處長江以南，而長江向有「天塹」之稱，難以渡越，遲至公元二八〇年才為晉所併滅。但晉室由於惠帝昏庸，賈后亂政，終於爆發八王之亂，宗室以兵戎相見，長安、洛陽為之空虛，諸王甚且以胡人為奧援，終於導致懷帝、愍帝先後為胡人所俘，瑯琊王司馬睿在建康即位，是為東晉政權。試想東吳自赤壁之戰到被晉所併滅，其間七十二年，孫氏在吳地經營可謂用力甚深，頗得士民之心。然晉自併滅東吳以來，恩澤未施，才只三十一年即發生永嘉之禍，在這種情形下，要吳地父老獨撐風雨飄搖的東晉新政權，衡情論理談何容易。但當時東海王司馬越頗有遠見，早知晉室在中原勢不可久，便著意安排琅琊人王導陪同琅琊王司馬睿於永嘉元年（公元三〇七年）先渡江安撫江東父老，廣結善緣，收拾人心。即使在衣冠大量南渡之際，也儘量提拔吳地人才，並不許北方士族侵犯江東豪門鉅室的利益，至於南來依附的流民則大部分安排滯留在江北、淮南一帶，終能開啟南北朝對峙二百餘年的新局面。

反觀國民黨政府非但不體恤臺灣同胞被祖國遺棄的傷痛，反而指責臺灣同胞久受日本人的奴化教育，而刻意不重用臺籍人士。臺灣被日本統治了五十一年之久，光復不到四年，國民黨政府就渡過臺灣海峽，撤守臺灣，要臺灣做為反共復國的基地，這種形勢可說比當年晉室渡江南遷還要嚴峻，更何況一九四七年還曾發生二二八事件。遺憾的是國民黨非但沒有向歷史學習，而且還反其道而行。來到臺灣後，自一九四九年五月二十日實施戒嚴，取消人民在憲法上所應享有的一切政治權利，將白色恐怖統治與二二八的清鄉運動接續起來，在這種情形下，要臺灣同胞對祖國有好感，無異是緣木求魚。

隨著一九八六年九月二十八日民主進步黨的成立，一九八七年民進黨立法院黨團為推動國會全面改選而在立法院引爆強烈的肢體抗爭，終於得到了社會大眾的廣泛共鳴，成為推動臺灣民主化的發動機。當年七月蔣經國總統體察民情，宣布解除戒嚴，隨即開放報禁、黨禁，十一月開放國人赴大陸探親。民主化的浪潮衝擊著威權體制，戒嚴三十八年的臺灣一旦解嚴，旺盛的社會力四處流竄。兩岸民間的交流，在長達三十八年的隔閡後，也衍生出許多問題。解嚴以來，民主化與兩岸關係可以說是大家最為關注的兩大政治問題。

民主化問題其實可概括為憲政體制改革的問題。解除戒嚴後，最大的民主化成就是國會定期全面改選，至於總統直選的是非功過頗難論定。

總統民選的得失

國家元首直接民選似乎是世界潮流，世界強權美國總統是民選的，另一軍事強權俄羅斯聯邦總統也是民選的。原華沙公約組織國家民主化後，國家元首大多民選，從原蘇聯獨立出來的國家亦然。看看我們的鄰邦菲律賓、韓國，甚至外蒙，總統都是民選的。因此，臺灣採用總統民選似乎符合世界潮流。然而上面列舉的國家，除美國外，大多原為社會主義國家或獨裁國家，渠等民眾對共產黨一黨專政或獨裁體制深惡痛絕，但對民主政治的理解卻又流於一廂情願，因此極易抱著「治沈痾，下猛藥」的心理，認為只要國家最高領導人由人民直接選舉就是實施民主政治的最佳保證。以俄羅斯聯邦為例，葉爾欽當選總統以後，自以為是人民直接選出，就不尊重國家杜馬（國會），認為既經人民授權就可為所欲為。不要說西方國家批評俄羅斯獨裁政治復活，就連俄羅斯自由主義者也都嚴厲批評政治不民主，最近索忍尼辛甚至主張俄羅斯應先來一段「訓政時期」。今天的俄羅斯固然已經沒有 KGB，批評政府不會失蹤或被特務帶走，但是司法不獨立，黑道橫行，貧富不均，社會財富集中在少數人手裡，財團操控政團，媒體則受制於政府，而且國勢一落千丈。其實，最老牌的民主國家英國，其國家元首是女王，非但未經人民直選，且為世襲；而戰後的日本，其國家元首仍是天皇，誰敢否認日本是民主國家？綜觀近現代世界文明的發祥地——西歐諸國，除法國國情較為特殊外，多採內閣制，其國家元首或為世襲的國王（如比利時、瑞典），或為經由議會間接選出的總統（如聯邦德國、希臘）。這些國家長則有實施民主政治上百年的經驗，短則自二次大戰以後也已逾五十年，鮮有發生戒嚴、政變或內戰等情事。反觀二次大戰以後，美國挾其全球超強的政治、經濟及軍事影響力，對亞、非、拉丁美洲的新興國家頤指氣使，大力推行美式民主——即以民選總統為主軸的民主政治體制，其結果是政變頻傳，後多由軍事獨裁政權出面收拾殘局，甚或走向內戰。遑論原華沙公約組織國家或從前蘇聯獨立出來的國家（含俄羅斯聯邦），其採行總統制未及十年，且問題叢生，前景並不看好。臺灣在這種時代背景下，匆匆選擇自一九九六年起實施總統直接民選，是否妥當，不無疑問。

其實，中華民國憲法自一九四七年十二月廿五日開始施行，但因伴隨著國共內戰的惡化，即於一九四八年四月十八日實施動員戡亂時期臨時條款，架空憲法。易言之，到一九八七年七月解嚴時，中華民國憲法迄未真正施行過。在民主化的過程中，實應先行回歸憲法，嗣後再就憲法中窒礙難行的條文予以修改，如此較易凝聚改革的共識。孰知主政者李登輝意在擴權攬權，視國憲如敝屣，唯恐一旦回歸憲法，依相關條文之規定，則總統勢成虛位元首。因為中華民國憲法本來就是採行內閣制的憲政設計。兩蔣之所以擁有大權，是因為動員戡亂時期臨時條款授予總統在動員戡亂期間可以獨攬大權。就只因為李登輝不願當憲法上的虛位元首，因此唯有改變——原由國民大會代表選舉的——總統選制，才能名正言順地繼續掌權。而李登輝的心思又正好與民進黨一拍即合。民進黨本來繼承黨外的傳統，主張回歸憲法，實施內閣制。等到國會全面改選後，民進黨立場發生微妙的變化。因為依現行憲法，民進黨如想成為執政黨，就必須在立法院取得過半數的席次。然而就現實面來看，在民進黨執政多年的縣市，其黨籍議員在縣市議會裡仍是少數，在可預見的未來根本不可能獲得多數。易言之，如果民進黨堅持內閣制，即意味著民進黨在可預見的將來是不可能執政的。畢竟經由總統直選獲勝而執政的機率，要比在立法委員改選中贏得過半數的席次來得大。就是在主政者想繼續攬權，而民進黨也只斤斤於早日奪得政權的考量下，朝野雙方都短視近利，罔顧國家民主化挑戰的艱難與責任的重大，而匆匆做出總統民選的決定。

變調的民主

解嚴十多年來，政治亂象一直未能消除，追根究底就是憲政體制改革出了問題。雖說在二〇〇〇年總統大選中，民進黨的陳水扁贏得勝利，但由於民進黨在立法院只擁有三分之一的席次，而落敗的國民黨卻仍擁有絕對多數，這就使得憲政體制的爭議更為突出。而陳水扁本人也不願遵循民主先進國家的成規，籌組聯合內閣或由立法院的多數黨（國民黨）單獨組閣，反而高喊「全民政府」，這無異是火上加油，使得原本複雜的憲政關係更加撲朔迷離。只由於當權者師心自用，而民進黨就其身為反對黨也未善盡監督執政黨的職責，使得原先擬定的「兩階段修憲」變成六次修憲，憲政問題非但未見解決，反而是治絲益棼。由於國內各政黨勢力的消長，在可預見的未來，要想在憲政改革議題上讓各黨派達成共識，並不容易。臺灣的政局只得在這種頗不健全的憲政框架中繼續運作，民主化的結果竟是這般，怎不令識者扼腕。

由於憲改的方向與定位錯誤，非但滋生許多憲政爭議，也使得原先普遭詬病的問題更加嚴重。黑道漂白與金權政治已由縣市議會向立法院蔓延，這將嚴重損害立法院的威信，從而傷害臺灣民主政治的根基。因為一個以利益——而且往往是私人利益——掛帥的立法院如何能理直氣壯地監督政府，一個失去民意與輿論支持的立法院如何能與行政院相抗衡。當立法院威信喪失之時，即是臺灣再度喪失民主之時。這並非危言聳聽，想當年國民大會意氣風發，如今安在？沒有民意支持的民意機關其下場將是自取滅亡。然而捨民意政治，還有民主政治嗎？向來不健全、無效率的國會就是獨裁政治的溫床，而有心的獨裁者從來也不會放棄抹黑國會、打擊國會威信的陰謀。民進黨的立法院黨團曾扮演臺灣民主化發動機的角色，吾人豈忍心眼睜睜看著臺灣民主化的成果隨著立法院的沒落而消逝？

與臺灣民主化過程分不開的則是本土化問題。在本土化問題上民進黨與李登輝有著共同的立場與利益。因為李登輝是第一位當上總統的臺籍人士，而民進黨則是第一個在臺灣土生土長的政黨。自從一九四九年國民黨撤守臺灣以來，黨、政、軍勢力向來控制在以蔣家為首的外省人集團手中，這是不可諱言的事實。比較有個性、敢直言急諫的本省籍菁英大多已在二二八事件中遭到重大犧牲。後來國民黨礙於形勢，不得不施行地方自治、舉辦選舉，但也僅限於縣市首長以下而已。依憲法規定省長應該民選，但因擔心舉辦省長選舉會產生有全省性聲望的省籍人士，從而挑戰中央政府的威信，因此改置省主席，直接由行政院派任，且早期臺灣省主席率多由外省籍將領出任，諸如陳誠、周至柔、黃杰、陳大慶等人。易言之，到解嚴前，省籍人士不要說對中央政策，甚至連省政也少有置喙的餘地。至於部隊與黨務系統那更清一色是外省人的天下。省籍菁英在國民黨內發展前途有限，因此大部分投入企業經營，反而為臺灣經濟起飛注入一股生力軍。總之，在戒嚴體制下，臺灣同胞雖名為中華民國的國民，卻只有納稅與服兵役的義務而已，談不上當家做主的權利。這就把本土化與民主化結合在一起：在民主化的同時，也要求優先起用本省籍人士。遲至一九七二年蔣經國出任行政院長，由於喪失聯合國會籍，為了團結人心，擴大政治參與，才開始提拔本省籍人士。

李登輝以省籍人士的身分，主政十二年（一九八八—二〇〇〇），與其說他對臺灣的民主化有何貢獻，倒不如說他對本土化較有貢獻為要。李登輝非但未替臺灣留下一套可大可久的憲政體制，反而是把原先的中華民國憲法修改得四不像。反觀在本土化方面，他挾著臺灣同胞對他的深切期許，利用外省籍大老之間的心結，從而排除異己，獨攬大權，最後還把他心目中的「外來政權」——國民黨——貶為在野黨。這些作為在長期遭到壓抑的省籍人士看來，毋寧是大快人心。這也是為何李登輝在高度爭議中，仍有以民進黨為後盾的民意支持的原因。但也因為李登輝的這些作為又挑起了省籍情結，使臺灣政局平添幾分不安。

弔詭的兩岸關係

至於兩岸問題則可概括為統獨問題。事實上，在臺灣光復之初，臺灣同胞對於重回祖國懷抱無不深感慶幸，但是隨著接收期間官員貪腐的表現，的確是讓省民大開眼界，頓失所望。當時民間流行的歌謠可為佐證：「轟炸時驚天動地，光復時歡天喜地，接收時花天酒地，政治是黑天暗地，百姓則呼天搶地。」臺灣同胞過去在日本殖民統治下雖備嚐屈辱，但對日本人奉公守法的精神則相當肯定。如今回到祖國懷抱，目睹來自祖國的接收官員貪贓枉法，不禁瞠目結舌，這就埋下了二二八事件的根苗。事件發生後，國民黨政府的處理態度令人寒心，難怪會在國共內戰中兵敗如山倒。撤退來臺之後，自忖不得人心，因此採用高壓統治。而當時臺灣海峽可謂風雨飄搖，共軍隨時可能攻臺。但就在國民黨撤守臺灣的第二年，韓戰爆發，美國第七艦隊協防臺灣，國共隔海對峙的局面才趨於穩定。中共自一九四九年建政後，五五年即爆發「胡風反黨事件」，五七年發動反右鬥爭，五八年大躍進，緊接著實施人民公社及三年自然災害，實施人民公社，六六年更爆發文化大革命，又是整整十年的動亂，搞得大陸同胞一窮二白。這在在替國民黨的反共教育提供了鮮明的活見證，大幅增強臺灣同胞的恐共、反共心理。臺灣同胞就是在光復後對國、共兩黨失望的情形下開始思考臺灣前途，而七十年代住民自決的主張：「臺灣前途應由臺灣全體住民共同決定」，正反映出時代的訴求。

一九七八年有關「實踐是檢驗真理的唯一標準」的討論強有力地反擊了華國鋒「兩個凡是」的主張，該年底鄧小平在中共十一屆三中全會提出「解放思想，開動腦筋，實事求是，團結一致向前看」的政治報告，並確立「對外開放，對內改革」的政策。此時美國為了箝制蘇聯，全力拉攏中共，於七九年元旦正式與中共建交，鄧小平於該年年初訪問美國，而年底臺灣剛發生美麗島事件，這時臺灣與美國關係可謂跌落谷底。美國與中共建交所依循的是國際強權政治的邏輯，但是一九八九年十一月柏林圍牆倒塌，促成翌年東德併入聯邦德國，華沙公約組織與蘇聯相繼解體，冷戰時期美國爭霸全球的主要對手已然消失，一時間美國成為唯一超強的霸權。同時，大陸在八九年六月四日發生天安門事件，數百名支持民主運動的學生與民眾行蹤不明，引起全球輿論的關注。美國原想透過接觸，誘導中共接受「和平演變」，在六四期間曾對民運表示關切，事後美國駐中共大使館也收容方勵之，並安排他前往美國。美國這些動作當然引起中共不滿。

在整個社會主義陣營，西起民主德國與波蘭，東迄堪察加半島，皆紛紛應聲而倒之際，鄧小平發表南巡講話，強調不加速改革步伐，就是死路一條。於是中共十四大在九二年底召開，並總結改革開放十四年的經驗，將「社會主義市場經濟體制」放進中共黨綱。事實證明，社會主義國家紛紛垮臺的骨牌效應非但沒有擊倒中共，反而由於中共採行「社會主義市場經濟體制」的關係，國力巨幅成長，國民生活大為改善，尤其沿海地區的生活水平已有迎頭趕上臺灣之勢，這使得中共成為全世界唯一膽敢向美國說不的國家。由於此時美國已不須再打中共牌，且臺灣也已開始邁向民主化，因此，臺灣就搖身一變成為美國的籌碼。臺灣與美國的關係較之七八年斷交前更為密切，雙方領導人都心知肚明：臺灣希望藉著美國撐腰，拖延甚或迴避以統一為目的的政治談判；美國則企圖利用臺灣來箝制中共。

自八八年元月十三日蔣經國逝世，李登輝以副總統繼任總統以來，兩岸互動頗為謹慎。九〇年李登輝當選中華民國第八任總統後，於翌年隨即宣布廢除動員戡亂時期臨時條款，不再將中共視為「叛亂團體」，兩岸民間交流日趨熱絡。但好景不常，九三年二月在李登輝授意下，由立法院院長劉松藩領銜成立「中華民國各界加入聯合國促進會」，當年八月透過友邦在聯合國正式提案討論中華民國申請加入聯合國問題，引發中共發表「臺灣問題與中國的統一」白皮書，雙方自此展開外交較勁。九四年四月臺灣遊客在大陸發生千島湖事件，李登輝有關「土匪」的不當發言，不但使爭執火上加油，也使兩岸高層的默契與互信毀於一旦。九五年六月李登輝訪美的一系列言論引起中共強烈不滿，乃有七月的導彈演習。九六年臺灣首次總統民選期間，中共又舉行兩次導彈演習，美國兩艘航母奉命駛向臺灣，擬無害通過臺灣海峽。後以中共兩艘核動力潛艇行蹤成迷，據判斷可能已置洛杉磯於其潛艇導彈的射程範圍內，方迫使美航母緊急撤離臺灣海峽一百海哩。當時中共與美國之間的關係可說是一觸即發。經此事件後，雙方都各自檢討，九七年底美方主動向中共表達善意，促成九八年六月美國總統歷史上首次對中國從事國事訪問。然而九九年五月九日中共駐南斯拉夫大使館被以美國為首的北約所襲擊，雙方關係再度跌落谷底。當年七月九日李登輝有見於美國與中共矛盾日深，因此藉機拋出「兩國論」，引起中共強烈指責。而美國也認為李登輝是個麻煩製造者，主動向北京表達反對「兩國論」的立場，並在聯合國大會中首次促成包括美、英、法在內的五個安理會常任理事國都反對中華民國的入會申請案。如今中共與美國的關係又回復到元首級定期會面的層次。二〇〇〇年臺灣第二次總統民選，由主張臺灣獨立的陳水扁當選，兩岸關係面臨攤牌。

民進黨由爭取民主質變為訴求臺獨

其實，在八六年民進黨剛成立時，其黨綱第一條即為住民自決原則，該原則並未訴求臺灣獨立，也未排除與大陸統一，而且也符合國民主權原則，因此爭議不大。而民進黨的前身「黨外」，向來的主要訴求就是民主與制衡，要求解除戒嚴，回歸憲法，開放黨禁、報禁等等。雖說在當時主張臺獨可能會觸犯刑法的內亂罪及懲治叛亂條例，而被判重刑，因此才沒有人膽敢公然訴求臺獨；但揆諸民進黨的成立，乃是突破黨禁、違反戒嚴法的重罪，基於民主理念，民進黨的發起人沒有一個畏縮。況且在民進黨成立之後的三年內，也曾為了是否要以臺獨黨綱替代住民自決原則，引發黨內嚴重的派系鬥爭。可見自黨外時期，民主化的訴求一直就是主流，但是後來民進黨怎會轉向而成為臺獨黨，這其中的轉折頗耐人尋味，扮演關鍵性角色的則是「政治受難者聯誼會」，這是一個由戒嚴時期的政治犯所組成的團體。依統計，戒嚴時期的政治犯百分之九十以上是統派，獨派只佔一成不到。隨著民主化與本土化的進展，一些獨派的政治犯排除統派份子，成立「政治受難者聯誼會」，堅決主張臺灣應該脫離中國而獨立，因他們正是因為持有這種思想才被判重刑的。由於他們蹲過苦牢，身心、事業與家庭遭受國民黨慘無人道的迫害，因此在反對運動陣營裡面享有很高的道德權威。他們認為民進黨的公職人員之所以能坐擁公職就是仰賴他們的犧牲奉獻，因此，他們也要求公職人員應踐履他們追求臺獨的理念。大部份公職人員為了保住政治權位，繼續追求連任，對於這些老政治犯不敢得罪。使得當時在民進黨中最大派系的美麗島系原本反對臺獨，但因其成員多為公職人員，後來轉向為不反對臺獨，這對臺灣政治發展不能說影響不為深遠。如今一個主張臺獨的政黨在臺灣執政，面對中共「和平統一，一國兩制」的訴求與「一個中國」的原則，難以回應，使兩岸關係陷入前所未有的困境。

綜觀解嚴以來，臺灣社會大眾最關心的兩大政治問題——民主化與兩岸關係

——並沒有因為社會力的解放而得到妥善的處理，毋寧是歷史的包袱過於沈重，二二八事件的心結仍深深地束縛住臺灣菁英的心靈，情感的宣洩似乎並未隨著民進黨執政而得到緩解，理性處理問題的空間仍相當有限。沒有理性駕馭的情感，不是流於濫情（如對總統直選的執著），就是成為寡情（如對大陸現況的漠然）。這兩大政治問題的質變——憲政改革誤入歧途與兩岸關係走入死胡同——說明了臺灣同胞在長達三十八年的戒嚴統治下，因為被剝奪了一切政治權利，因而也不知該如何來善用這些權利。當憲政改革之際，身為總統的李登輝公然表示這部憲法不適於臺灣地區。然而依據法治國家的原則，在憲法未修改前，總統仍須以身作則遵守憲法。當總統一再不遵守，甚或違反憲法時，身為反對黨的民進黨非但不予批評監督，甚且曲意迴護，而選民也不以為意，仍繼續投票給李登輝，給民進黨，這不能不說是臺灣民主的悲哀。當民進黨內部主張臺獨的老政治犯挾持公職人員時，竟然沒有幾位公職人員敢站出來為兩岸關係的和緩高聲疾呼，終使民進黨轉向，成為臺獨黨，為兩岸的未來投下一個難以逆料的變數。在即將邁入二十一世紀之際，應該是臺灣同胞努力學習真正當家做主的時候了，不再讓自私的政客與唯利是圖的政黨來決定我們的前途！

二、從德國統一經驗看「住民自決原則」

第二次世界大戰結束後，戰敗的德國被美、英、法、蘇四國佔領。後來由於意識形態上的對立，於一九四九年原蘇聯佔領區成立「民主德國」（Deutsche Demokratische Republik），習稱「東德」，而原美、英、法佔領區則成立「聯邦德國」（Bundesrepublik Deutschland），習稱「西德」。自此，民主德國身為蘇聯的附庸國，自認為是一主權獨立的國家，而聯邦德國則在艾德諾的基督民主黨政府領導下，依哈爾斯坦原則（Hallsteins Doktrin）不承認東德，且除了蘇聯以外不和任何承認東德的國家建立外交關係。聯邦德國甚且在其基本法最後一條的第一四六條明定：「本基本法在全德意志人民依其自由意志制定新憲法後失效。」這就宣示了聯邦德國不放棄統一全德國的根本立場。即使在六九年社會民主黨執政之後，聯邦總理布朗德積極推動東方政策（Ostpolitik），兩德同時加入聯合國，不得不承認東德，但仍提出「一族兩國」（Eine Nation, Zwei Staaten）的原則，強調西德固然承認東德是主權國家（a sovereign state），但東德對西德而言，因同屬德意志民族，並非外國（a foreign state），而是一種「特殊關係」（von besonderer Beziehung）。因此，在聯邦政府裡，對東德的關係不屬外交部掌管，而另行成立「德德關係部」為專責機構。且聯邦德國派駐東柏林的機構也不採用「大使館」的名稱，而是掛牌為「代表團」。凡此種種表明無論是基民黨或社民黨執政，聯邦德國政府都能堅持憲法上所宣示的不放棄統一全德國的根本立場，這也為八九年十一月柏林圍牆倒塌後不到一年的時間內全德就順利完成統一打下堅實的基礎。

其實早在聯邦德國成立之初，國家正當性問題就被提出來，廣為各界所討論。尤其在政治界與憲法學界，國家正當性問題更是討論得火熱。在原美、英、法佔領區的人士當然認為「民主德國」並非在原蘇聯佔領區的德國人民依其自由意志而成立的，而是像其他在蘇聯控制的東歐國家一樣，只是一個傀儡政權而已。但現在的問題是，原美、英、法佔領區的德國人民可否依其自由意志組成「聯邦德國」，「聯邦德國」憑什麼可以主張自己是代表全德意志唯一合法的政府。再者，聯邦德國與在二次大戰中崩潰的納粹德國是否有繼承關係；如果有的話，是全面繼承，還是部分繼承；如果沒有的話，是否意味著聯邦德國是一個新的國家，與舊的德國毫無關係。揆諸日後的發展，顯然聯邦德國政府自以為全面繼承納粹德國，而以全德國唯一合法政府自居。也正為此之故，歷任聯邦德國的外交部長、總理、總統出訪俄羅斯、波蘭或以色列時，一定要前往遭納粹屠殺的人民英雄紀念碑或衛國英靈公墓去獻花，致哀懺悔。

抗戰勝利後淪陷區的接收

反觀中國在二戰之後成為戰勝國，與美、英、法、蘇並列五強。當時蔣介石因領導抗戰，身兼盟軍中國戰區最高統帥，聲望如日中天。抗戰勝利後，蔣介石責無旁貸，肩負戰後重建家園的責任，但當時國、共雙方就為了接收淪陷區而頻生衝突。當日本投降時，蔣介石令共軍就地停戰待命；而共軍總司令朱德卻連發七道命令，要求共軍對日軍全面攻擊，並要求日、偽軍向共軍投降。國民黨政府的立場是，淪陷區應由國軍負責接收；否則，可就近由偽軍代為接收；再不，就寧可由日軍繼續暫為代管，也不願讓共軍就近接收。其實抗戰期間，在淪陷區打游擊的主力是共軍；國軍在早期雖也曾打過游擊，但後來不是受不了苦而被偽軍收編，就是投入共軍陣營。而共軍也的確在淪陷區打游擊當中，砥礪戰志，並與當地農民發展出良好的互動關係，為其解決了後勤補給與兵源補充等問題。勝利後，重慶當局堅持受降應由中央統籌，不讓共軍就近接收，主要是擔心共產黨藉機坐大，但也正因為如此，而挑起了國、共雙方為了爭奪淪陷區而公開決裂。東北地區的爭奪顯得最為突出。由於二戰末期，蘇聯紅軍在朱可夫元帥統領下，攻佔德國首都柏林，蘇聯已然贏得歐洲戰場的勝利，因此應美國之請，於四五年八月九日對日宣戰，紅軍藉機進佔中國東北地區，八月十四日日本投降。重慶當局則在美國協助下由大西南，利用陸、海、空運兵五十餘萬人前往東北、華北地區，而蘇聯則坦護中共，共軍大舉進入東北，接收日本關東軍留下的大量武器與裝備。抗戰勝利後，國共軍事衝突就是在東北引爆的。當時國軍的訓練、裝備與數量均遠非共軍可比。

國民政府在重慶則忙著籌備召開國民大會，制定中華民國憲法。共產黨盱衡當時的形勢，蔣介石出任行憲後的首任總統乃既定的事實，因此在政治協商會議中由周恩來領軍，將未來的憲政體制朝內閣制設計，這就是我國現行憲政體制的由來。後來由於國共兩黨對於「軍隊國家化」與「政治民主化」立場相左，而東北、華北地區戰情吃緊，事實上從四六年六月三十日國、共即展開全面軍事衝突。在共產黨與民盟的杯葛下，國民黨則夥同青年黨與民社黨及部分無黨籍人士繼續制憲，該年十二月二十五日通過新憲法的草案。而新憲法依規定於一年後開始實施。然而到四八年年底時，決定國、共爭霸命運的遼瀋戰役、濟南戰役、淮海戰役（或稱徐蚌會戰）均以共軍勝利收場。在這之前，美國雖曾多次介入調停，但均無功而返。當時長江以北地區僅賸傅作義所部的平、津一帶仍為國軍控制區，而傅作義則在四九年一月底投共，共軍渡江南下已指日可待。國民黨政府就是在這種歷史條件下匆匆舉行國大代表與立法委員的選舉。當時由於立法院新當選的立法委員尚不及集會，根本不可能依據新憲法相關規定制定緊急命令法或戒嚴法，只得由正在南京集會的國大代表於四八年四月十八日制定動員戡亂時期臨時條款，授權總統在動員戡亂時期，為避免國家或人民遭遇緊急危難，或應付財政經濟上重大變故，得經行政院之決議，為緊急處分。蔣介石就是在共軍即將全面勝利之際，接任中華民國第一任總統。然由於形勢急轉直下，四九年元月二十一日蔣介石宣布下野，由副總統李宗仁代行總統職權。蔣介石看大勢已去，即以國民黨總裁的身分，安排黨政軍機關及軍民百餘萬人分地分批往臺灣島撤退。四九年十月一日中華人民共和國則在北京宣布成立。是時，代總統李宗仁逃往美國，而撤往臺灣的立法委員與國大代表則敦請蔣介石復行視事，蔣因此於五〇年三月一日復職。中華民國政府就在兵荒馬亂之中在臺北重新組成。

漢賊不兩立

五〇年六月二十五日韓戰爆發，六月二十七日美國宣布臺灣海峽中立化，並派遣第七艦隊在臺灣海峽巡邏，制止了共軍渡海攻臺的計劃。由於美國的支持，中華民國在聯合國的席位得以確保。而中華民國政府則一直堅持是代表全中國唯一合法的政府，認為北京中共政權乃是蘇聯所扶持的傀儡政權，因此根本不承認中華人民共和國。中華民國政府在對外關係上則強調「漢賊不兩立」的立場，任何邦交國若與中華人民共和國建立外交關係，則中華民國政府立即與該國斷交，絕不接受兩個中國的安排。由於中共的政權並未如國民黨所預期的脆弱，中國大陸非但沒有爆發大規模的民變或內戰，反而是社會秩序穩定，經濟大幅成長，這不僅粉碎了國民黨「一年準備，二年反攻，三年掃蕩，五年成功」的美夢，也使得愈來愈多的國家承認中華人民共和國。尤其是六〇年中、蘇共之間爆發激烈的意識形態爭議，更甚者，六九年中、蘇共在烏蘇里江邊界上為了珍寶島發生嚴重的軍事衝突。長期以來，國民黨所指稱的：「中華人民共和國就像東歐社會主義國家一樣是蘇聯的附庸國」，不攻自破。中華人民共和國既然是一個獨立自主的國家，那麼在臺灣的中華民國憑什麼可以代表比它大二百六十多倍的中華人民共和國？在一九七一年兩德即將同時進入聯合國之際，由於蔣介石堅不接受「兩中」的安排，其結果是中華民國喪失在聯合國的席次，由中華人民共和國代表中國出席聯合國。退出聯合國之後，中華民國仍不改其漢賊不兩立的立場，蔣經國主政時期（七二—七八任行政院長，七八—八八任總統），還提出與中共政權不接觸、不談判、不妥協的三不政策。易言之，中華民國政府自撤退到臺灣之後，一直堅持：中國只有一個；中國的主權與領土完整，不容分割；中華民國是代表這一個中國唯一合法的政府。

隨著中華民國喪失在聯合國的代表權，臺灣基督長老教會，為了確保臺灣現有的生活方式，藉機提出臺灣前途應由全體住民共同決定，並主張在臺灣建立一個新而獨立的國家。這個主張固然表述出臺灣同胞不願接受中共一黨專政的統治，但卻也嚴重衝擊國民黨政府的合法性與一個中國政策。當初美國有鑒於中共已於六四年與六七年成功地試爆原子彈及氫彈，已進入核子俱樂部，在國際上影響力大增，也希望以美、蘇、中大三角來取代美、蘇兩強對抗的局面，再加上中共支持北越等因素，希望改善與中共的關係。因此由美國總統安全事務助理季辛吉穿針引線下，於七一年七月決定次年初訪問大陸，這也促使聯合國在七一年十月二十五日接受中華人民共和國為會員國。七二年美國總統尼克森訪問大陸，並於二月二十七日與周恩來總理簽署上海公報，公報表明，美國認知臺海兩岸的中國人都主張只有一個中國而臺灣是中國的一部分，也表明美國堅持臺灣問題必須和平解決。上海公報從某種意義上來看，意味著美中（共）由對抗走向和解，不啻緩解了臺海軍事衝突的危機。自五〇年第七艦隊協防臺灣以來，臺海一直是個爆發軍事衝突的高危險地區，臺灣雖然自六〇年起制定了獎勵投資條例，但外資與僑資多持觀望態度，不敢貿然前往臺灣投資，這從六五年臺灣地區人均所得還只二一六美元即可得知。隨著上海公報的簽署，促使大量的美資、日資以及東南亞的僑資投入臺灣，造成臺灣經濟在七十年代呈現巨幅成長，到七八年時，臺灣地區人均所得已超過一千五百美元。由於經濟的快速發展，城鄉差距拉大，社會矛盾日益尖銳，要求政治民主化的呼聲也日益高漲。黨外雜誌相繼出現，以《臺灣政論》、《八十年代》、《夏潮》為宣傳工具，全島黨外人士開始串連，初具政黨雛形。尤其七八年年底臺灣得知美國即將與中華人民共和國建交，黨外人士因而加速組黨腳步，終在七九年年底爆發高雄美麗島事件，黨外的臺籍菁英多人被捕入獄。這固然對民主運動造成莫大的打擊，但也再度觸動臺灣同胞的悲情意識，對日後朝野政黨的互動、省籍情結的消融以及兩岸關係的處理均造成極不良的影響。

全球戰略中的大三角

總之，在七十年代兩岸與美國之間發生了兩件影響深遠的大事：一是七一年底中華民國退出聯合國，中華人民共和國取得了中國在聯合國的代表席次，這件事大大改善了長久以來僵持的美、中（共）關係，為季辛吉謀劃的尼克森訪問大陸鋪平了道路，使其聯中（共）制蘇的構想更具可行性；也為中共的乒乓外交打開了與非共國家間的通道，使其扭轉文革期間的革命外交路線成為可能；同時也由於上海公報的簽署，使臺海情勢頓見緩和，對臺灣吸收僑、外資大有幫助，從而促成臺灣經濟的起飛。另一件則是七八年底美國由於在限制軍售與限制核武發展與蘇聯談判失敗，為了在全球戰略上聯中（共）制蘇，決定和中華人民共和國建交，而與中華民國斷交。依雙方建交公報，美國第七艦隊自臺灣海峽撤防，駐臺美軍撤離，這在臺灣造成人心惶惶，轉眼間出現一股移民美國的浪潮，房地產價格暴跌，對臺灣的衝擊不可謂不大。然而美、中（共）建交這件事對兩岸均產生極其深遠的影響：對中共而言，美國自四九年建國以來一直被視為是中華人民共和國的重要敵人，雙方先後在朝鮮、越南打過仗，這也是毛澤東在六十年代拚命搞「三線建設」，全力準備打第三次世界大戰，主張「早打、大打、放進來打」的原因。如今美國迫於國際情勢與中華人民共和國建交，再加上毛澤東已於七六年去世，這促使鄧小平將毛的革命外交路線扭轉為和平發展的外交路線，不再以意識形態掛帥，不再資助非共國家的社會主義革命運動，因此北京與非共國家的關係大見改善。在對內政策方面，則反映在「以經濟建設為中心」和「改革開放」上面。七八年底中共十一屆三中全會的召開，可以說是開啟了一個新紀元。對臺灣而言，蔣介石於七五年去世，意味著「反共抗俄」舊時代的結束，而蔣經國自七二年出掌行政院長以來，戮力革新保臺，從事十大經濟建設，在臺灣全力改善投資環境，以配合大量僑、外資金的投入，大幅提高國民所得。因此，七八年年底中美斷交與美、中（共）建交可說是臺灣民眾長期以來的夢魘，如今一旦成為事實，直接衝撞國民黨一黨專政體制的威信。由於臺灣經濟已經起飛，遭此鉅變，固然掀起移民潮的高峰，但也促成臺灣民眾自主意識的覺醒，為黨外民主運動的蓬勃發展創造了有利條件。而美國也是在權衡利弊得失後，認為有愧於其長期最忠實的反共盟友——中華民國，因此在部分國會議員的推動下，於七九年四月制定了臺灣關係法，與臺灣維持了半官方關係，承諾維護臺灣地區的生活方式，並提供臺灣必要的防衛性武器。

由於中華民國在聯合國喪失了中國代表權，這對長期以來自以為是中原正朔的國民黨政府而言，無異是當頭棒喝。自從國民黨政府遷臺以後，一向指斥中共是蘇聯的螟蛉子、十惡不赦的叛亂團體，全然忘記，要不是國民黨總理孫中山接受蘇聯援助，決定「聯俄容共」，改造中國國民黨，就不可能創辦黃埔軍校，更不可能北伐統一全國。而這個「叛亂團體」正是國民黨的昔日盟友。如今國際社會接受這個「叛亂團體」所建立的政權代表中國，那「中華民國」又代表誰呢？中華民國在大陸早就名存實亡，如今充其量僅轄有臺灣地區（包括澎湖、金門、馬祖）而已。因此，中華民國不就只代表臺灣地區嗎？既然中華民國就是臺灣，臺灣就是中華民國，何不乾脆放棄中華民國的國號，改以「臺灣」或「臺灣共和國」的名義重新出發呢？這種臺獨傾向的思路在中華民國退出聯合國之後就已逐漸萌芽；在與美國斷絕外交關係之後則迅速蔓延開來。在此之前，政治犯幾乎清一色都是統派分子，自此以後，就發生了微妙的變化。

臺灣自主意識的抬頭

這種思路的出現意味著國民黨統治威信的下滑，也意味著臺灣地區民眾自主意識的抬頭，當然也就反映在整個反對運動的訴求上。在海外的華人社團最為敏感，在七〇年保釣運動中，大家還曾不分彼此，團結一致，抗議日本侵佔釣魚臺。但自從中華民國退出聯合國之後，臺灣同鄉會就迅速崛起，與國民黨支持的「中國同學會」壁壘分明。臺灣同鄉會的成員大多擁有居住地國的永久居留權，甚或國籍，因此顧忌較少，在臺灣前途問題上較敢提出前衛性的看法，但他們又不願被劃歸為臺獨分子。因為當時海外各色各樣的政治團體很多，而成立於七〇年的臺獨聯盟，基本上則是革命團體。臺灣同鄉會就扮演著比較溫和的臺灣人社團的角色，對各種政治立場採兼容並包的態度，因此也就刻意與臺獨聯盟保持距離。

由於國民黨在臺灣長期實施戒嚴統治，任何公開對政府的批評都被視為「散布謠言」、「打擊政府威信」，而以懲治叛亂條例論處，因此黨外反對運動可說舉步維艱。六〇年《自由中國》雜誌因雷震籌組「中國民主黨」而遭查禁，對禁錮言論自由起相當大的箝制作用。至於本土化的反對運動則濫觴於七十年代早期，且以臺籍中央民意代表為核心。六〇年蔣介石兩任的總統任期即將屆滿，依憲法第四十七條只「得連任一次」之規定，不得繼續連任，因此國民大會修改臨時條款，排除憲法第四十七條之適用，以利蔣介石繼續擔任總統。事實上，同樣在四八年選出的立委任期三年、監委與國代六年，分別在五一年與五四年任期屆滿，應行改選，但因考慮大陸地區尚未光復，事實上無法改選，若在臺灣地區改選，又擔心代表不了全中國的民意。因此，蔣介石早就在五十年代初，依據臨時條款的授權，批准渠等繼續行使職權至次屆，亦即讓現任的國代與立、監委的任期延長到光復大陸為止，這就是俗稱的「萬年國會」。在四八年選出的立、監委與國代中，雖也有臺籍人士，但他們基本上養尊處優，與來自大陸的中央民代早就沆瀣一氣，形成命運與利益的共同體了，要他們批評戒嚴統治當局，無異痴人做夢。到六六年，國民黨有見於在臺灣地區從未舉行過國會選舉，與中華民國在國際上自稱為「自由中國」的形象不符，而這批臺籍中央民代自四八年以來從未改選過，也不合情理，但若只有臺籍中央民代需要改選，而大陸籍不必也無法改選，又似違反公平原則，因此六六年二月再度修改臨時條款，授權總統可對中央公職人員訂頒辦法，實施增選或補選。因此六九年三月公布「自由地區中央公職人員增補選辦法」，辦理中央民代的增補選，其任期與四八年選出之中央民代同。七二年更進一步制定「自由地區增加中央民意代表名額選舉辦法」，開辦臺灣地區增額立委與國代選舉，其任期則依憲法規定，每三或六年改選一次，但仍為第一屆中央民代。

「三合一」的敵人

臺灣早期民主運動的兩位傑出領袖人物黃信介與康寧祥就是在六九年與七二年分別當選「增補選立委」和「增額立委」。由於黃信介本人是增補選立委的身分，沒有改選的壓力，他就成為任何重要選舉最受歡迎的義務助選員。只要是站在黨外立場，出來參選立委、國大、省議員或縣市長，在萬人攢動的自辦政見發表會場上都可以看得到他的身影。由於黃信介不辭勞苦的奔波，使得選舉的造勢活動成為動員群眾與傳播理念的最佳時機。而康寧祥則藉著黨外立委的身分和時任行政院長、權傾臺灣的蔣經國展開朝野對話，一些禁忌話題都由於康寧祥妥為運用立委免責權而被陳述在國人眼前。由於康寧祥的努力使得每年二月與九月的立法院總質詢成為政治新聞的焦點與話題。而七十年代黨外民主運動中，張俊宏所著《臺灣社會力分析》一書的出版與許信良違紀參選桃園縣長獲勝也同樣具有深遠的意義。張俊宏在《臺灣社會力分析》一書中採用實證的方法分析臺灣社會力的結構，打破了國民黨的禁忌。長期以來，國民黨除了經濟問題以外，不許社會科學界對臺灣社會本身從事實證的調查與研究，深怕實證研究的結果會戳破國民黨的統治神話。因此，《臺灣社會力分析》一書可謂揭開了實證研究臺灣社會、政治問題的先河。而許信良在省議員任內為農民問題大聲疾呼，觸怒國民黨當局，當七七年許信良決意違紀參選桃園縣長時，國民黨總動員，全力封殺，結果爆發中壢事件，許信良高票當選。在許信良之前，以無黨籍身分贏得縣市長選舉的人所在多有，但許信良的當選，並非憑著祖上積德，而是憑著理念（由其心路歷程自述《風雨之聲》可見一斑），憑著大規模的群眾動員，憑著傑出的文宣戰。他的當選無疑預告了黨外民主運動的新模式。一批充滿理想的知識青年，像張富忠、林正杰等人，都因為參與助選而投入黨外陣營。

綜觀七十年代臺灣島內黨外民主運動，固然受到退出聯合國與中美斷交的影響，但是其訴求的基調仍然賡續《自由中國》雜誌上的主張，要求回歸憲法，解除戒嚴，開放黨禁、報禁，有時也提公平競爭、反對特權、維護勞工權益，但有關臺灣前途問題則鮮提及。就算提及，也僅止於批評國民黨政府無能，邦交國日漸減少，只結交一些小國寡民的窮國家而已。雖然臺灣基督長老教會早在七二年即已提出住民自決原則與建立「新而獨立的國家」，但在黨外的政見會場、印發的文宣材料上則要到七七年才有人提及住民自決，至於「新而獨立的國家」則直至民進黨成立時未見有人提及。況且自七十年代開始，國民黨即有計劃地將黨外、海外臺獨與中共牽扯在一起，稱之為「三合一」的敵人。因此，黨外政治上的頭面人物不用說對海外回臺人士格外小心，就是對因臺獨而坐過牢的政治犯也抱持著少接觸為妙的心理，深恐國民黨派人藉機來臥底，再羅織罪狀陷害。就算偶爾應邀出國訪問，也儘量避免與臺灣同鄉會的人士接觸，更不用說臺獨組織了。這種現象不應解釋為黨外人士怕事，而應解釋為：對當時的黨外人士而言，民主化是當務之急，也只有民主化才能吸收更多的選票，從而壯大黨外的力量，至於統獨問題在臺灣並無市場，至少尚未成為大眾關心的公共議題。

住民自決原則與「新而獨立的國家」

其實住民自決原則後來在八六年民進黨組黨時被列為黨綱第一條，至於「建立新而獨立的國家」則演變為後來的臺獨條款。當初民進黨組黨時之所以採用自決原則，乃是因為它有別於臺獨主張，又能包容各種政治立場，既符合民主原則，又符合世界潮流。依住民自決原則，臺灣前途應由臺灣全體住民共同決定，所謂「臺灣全體住民」包括現住在臺灣的原住民、閩南人、客家人與外省人。臺灣前途是維持現狀、和大陸統一、獨立建國或是歸併到第三國，應由全體住民共同來決定。所謂「共同決定」意指或是舉行普選推舉出代表，依多數決原則，間接替大家來決定；或是舉行公民投票，讓大家直接來決定。由於當時國會中臺灣地區的代表尚不及十分之一，而國會全面改選又遙不可及，因此，住民自決在當時被約定俗成地認為就是公民投票。但無論如何，獨立建國只是自決的選項之一，自決絕不等於臺獨。否則，民進黨創黨後的前三年，其黨內也大可不必為是否放進臺獨黨綱而紛擾不已。

其次，住民自決原則之所以能成為民進黨創黨黨綱，就是因為它能包容各種政治立場的反對人士。後來工黨、勞動黨、中華社會民主黨的成立都與住民自決原則被臺獨黨綱取代有關。由於臺獨基本教義派的一意孤行，再加上民進黨內有擔當的頭面人物屈指可數，以致造成臺灣解嚴後的政治發展走向歧途，殊屬可惜。其實住民自決原則符合民主政治的基本原則，即國民主權原則。在國民主權原則下，各種政治主張可以各陳己見，爭取選民的支持。但當臺獨黨綱取代住民自決原則後，在民進黨內連不主張臺獨的自由都被剝奪了。即使在民進黨取得政權之後，其黨主席謝長廷一席「不排除統一」的講話即招惹來自黨內無情的撻伐，這在民主國家或在民主政黨裡，都可謂為怪事。

最後，住民自決原則符合世界潮流。自決（Selbstbestimmung）在兩百多年前的康德（Lmmanuel Kant, 1724-1804）哲學裡就被視為人格自由、自律與自主的表徵，在其國家哲學中則視自決為一共和政體的當然屬性。在第一次世界大戰之後，美國總統威爾遜即據此提出以自決原則來解決殖民地的歸屬或獨立問題。而第二次世界大戰後，西歐國家有鑒於兩次世界大戰都因西歐國家內部的利益衝突而起，因此先由法、德、義、荷、比、盧六國成立煤鋼共同體，後來發展成歐洲共同體，即今日歐盟的前身。歐共體在決定是否接納一國的入會申請案時，確立了四項基本原則：保障基本人權、採行市場經濟、尊重自決原則與實施議會政治。唯有符合這四項基本原則的國家方可申請加入歐共體。西歐是近現代世界文明的發祥地，這四項原則具有高度的指標意義。而聯邦德國從煤鋼共同體時代起，一直在歐共體、歐盟裡扮演舉足輕重的角色，這四項原則的訂定，當然得到聯邦德國的支持。聯邦德國自成立以來，從未放棄統一全德國的立場。就算在七十年代初承認了民主德國的合法性，但也仍提出「一族兩國」原則來主張兩德之間並非一般的，而是特殊的關係。吾人可以設想，假使民主德國實施民主化，也採行歐共體入會四項原則做為其政經體制，那兩德不僅同為聯合國會員國，也將同時成為歐共體的會員國。吾人也可以假定，在民主德國瓦解之後，原德東地區的人民也可能經由自決原則，決定不與聯邦德國統一，而聯邦德國也只能接受既成的事實。但無論如何，在這兩種情況下並不妨礙聯邦德國可以繼續堅持不放棄統一全德國的努力，藉著種種政策來改變德東地區人民的立場。由此可見，自決原則已漸漸成為一項普世價值，所以住民自決原則是符合世界潮流，也象徵臺灣理性精神的提升。

三、從維持現狀走向延續「重慶會談」的兩岸談判

其實今天如果在臺灣地區依住民自決原則來決定臺灣前途，從各種相關資料顯示，不論是由定期全面改選的立法院表決，或是直接交付公民投票，其結果不會是和大陸統一，也不會是獨立建國，更不會是歸併到第三國，最大的可能還是維持現狀：堅持中華民國是代表中國唯一合法的政府。這種結果可能讓人乍視之下啼笑皆非，繞了一大圈還是回到原點。過去把兩蔣時代的大陸政策批評得一無是處，經過反覆斟酌，還是不得不承認這是唯一切實可行的方案。現在擬就為何不可能採行其他方案申論如下。

首先，現階段臺灣同胞不可能同意和大陸統一，因為兩岸經濟生活水平落差很大，大陸政治仍是共產黨一黨專政，不尊重人權、重人治而輕法治，尤其是近

幾年動不動就以武力恫嚇臺灣，予人反感。共產黨雖提出「和平統一，一國兩制」，但臺灣同胞對共產黨缺乏信心，從五七年反右到文革十年動亂，歷歷在目，接受「一國兩制」，無異自動繳械。其實自從改革開放——尤其引入社會主義市場經濟——以後，大陸沿海地區經濟發展迅速，沿海地區與臺灣地區的經濟落差顯然已小於內陸地區與沿海地區的落差。我們不應再以兩岸經濟落差為由反對統一，否則大陸豈不早就因經濟發展速度不一而四分五裂？統一的癥結其實還在於大陸政治體制改革問題，如何改變一黨專政，開放黨禁、報禁，維護司法獨立，確實保障人權，落實法治國家的理想，總之，臺灣在八十年代末走過的民主化道路，大陸不走一趟，要臺灣同胞同意和大陸統一，簡直是強人所難。唯有大陸政治民主化後，才不會再以武力恫嚇臺灣，而是像聯邦德國一樣，以德服人，方能統一全國。也唯有民主化後，再提「一國兩制」，臺灣同胞才肯相信。須知，沒有民主，再強、再大的蘇聯帝國也有瓦解的一天；有了民主，本已統一無望的德國還是統一了，為政者可不引以為鑑？

其次，現階段臺灣同胞也不可能同意獨立建國，除非大家已經像巴勒斯坦人一樣，決心打一場持久的獨立戰爭。因為如果沒有大陸的首肯，臺灣是不可能獨立的。要逼大陸首肯，除非打贏大陸，但臺灣打得贏大陸嗎？假定大家已經決心打一場獨立戰爭，就算臺灣打贏——其實是臺灣沒被打敗或被佔領，大陸可能因而和臺灣簽署和平條約，承認臺灣獨立嗎？這根本不可能，因這將在大陸內部引起更大的危機。同文同種的臺灣都可以獨立了，那不同文又不同種的西藏、（新疆）維吾爾是否也可獨立，那些跨界民族是否也將鬧分裂，至於諸侯經濟問題將更形嚴重，就不在話下了。既然臺灣打贏，也不能締結和約，獲得承認，這就意味著三、五年後還得再打一次，如此反覆，臺灣終有敗北的一天，那就是被大陸以武力佔領，依中共五九年解放西藏的經驗來看，臺灣大概要面臨二、三十年的軍事統治。就算臺灣一直打贏，那也意味著臺灣將長期處於備戰狀態（回想一下，在七二年上海公報簽署前的情況），僑、外資非但不敢投入，甚至還要撤資，而國人資金也將大量外流，造成臺灣經濟的大量失血，這難道符合臺灣同胞的利益嗎？

最後，臺灣同胞更不會同意歸併到第三國。有極少數的人異想天開，主張臺灣歸併到美國或日本，姑且不論可行與否，就算自決的結果真的是要歸併到第三國，也得問問第三國同不同意接受，這並非一廂情願的事。人有人格，國有國格，臺灣同胞絕大多數身為炎黃子孫的後裔，不會幹這種數典忘祖的勾當的。況且要真的歸併到第三國，得重新學習美語或日語，而這明明不是我們的母語，大家寧願在第三國當人家的二等國民嗎？五十一年的日本殖民統治給我們的教訓還不夠嗎？此外，眾所周知，聯合國的會員國一百八十九個，其中承認中華民國有二十幾個，承認中華人民共和國則有一百六十幾個，但無論承認哪一個中國，聯合國所有的會員國都承認只有一個中國，臺灣是中國的一部分。易言之，全世界都承認臺灣是中國的領土，誰兼併臺灣，就是對中國領土與主權的侵犯，這是非常嚴重的事，哪個第三國敢接受這個人家自動送上門的禮物？

堅持「一個中國原則」才能確保臺灣安全

綜上所述，自決最可能的結果仍是維持現狀，即堅持中國只有一個，臺灣與大陸都是中國的一部分，在臺灣的中華民國是代表中國唯一的合法政府。因為中華民國政府自一九一二年成立以來，歷經軍閥割據，北伐統一全國，後又領導全國軍民對日抗戰八年，取得最後勝利。戰後，因制憲發生歧義，國共談判破裂，共產黨興兵叛亂，被迫撤守臺灣。中華民國創建於一九一二年，自二八年統一全國後，一直是全中國唯一合法的政府。唯四九年中共宣布成立中華人民共和國，自此中華民國之治權始不及於大陸。但中共畢竟不是以合法手段取得政權，迄今在大陸亦未曾實施過民主選舉，因而大陸同胞之自由意志實無從表達，是以中華人民共和國連能否代表大陸都尚不得而知，遑論代表全中國。反觀中華民國政府的合法性在中共叛亂以前無人置疑，撤守臺灣後，八七年開放黨禁、報禁，九一年起國會定期全面改選，不僅能充分代表臺灣，甚且比中華人民共和國更有資格代表全中國。

這個立場雖與兩蔣時代的大陸政策大同小異，但它是在臺灣解嚴之後，言論自由獲得充分保障的情形下，經由公眾反覆討論所得出的共識。它是經由一個民主決策過程的產物，與兩蔣時代是「欽定」的、強加在臺灣同胞身上的政策，從不徵詢臺灣同胞同意與否，當然是大異其趣。易言之，兩岸要維持現狀，則「中華民國」這塊招牌還是挺管用的。難怪民進黨雖贏得總統大選，高喊「臺獨萬歲萬萬歲」的陳水扁也不敢隨意更動這塊招牌。

至於臺獨人士堅稱「臺灣是一個主權獨立的國家」，也有待澄清。自西風東漸以來，一五二三年葡萄牙的商船航抵廣州，一六二四年荷蘭人佔領臺灣，一六六一年遙奉南明政權為正朔的鄭成功擊退荷蘭人，收復臺灣。一六八三年清廷派施琅平定臺灣，到一八九五年才在馬關條約中將臺灣割讓給日本。二次大戰結束之後，日本戰敗，將臺灣歸還中國。有人以中日和約只提及日本放棄臺灣，並沒有明言將臺灣歸還中國，據此而主張所謂「臺灣地位未定論」。其實中日和約簽訂於一九五二年，和約談判是在韓戰爆發不久，美國派兵協防臺灣之際。美國之所以協防臺灣，並非因為支持國民黨政府或關心臺灣同胞，而是因為依據美國——在冷戰初期為圍堵共產勢力蔓延而策定——的戰略計畫，認為臺灣不宜落入親共勢力手中，否則美國的西太平洋防線在琉球群島和菲律賓呂宋島之間將出現一個大漏洞。因此在中日和約談判之際，美國故意留一手，日本只是放棄臺灣，而不明言將臺灣歸還中國。當時日本仍在美國軍事佔領之下，臺灣則有賴於美國第七艦隊協防，因此中日和約的內容很難違反美國的意思。美國之所以留這一手的目的是，假設國民黨政府在臺灣撐不住時，為美軍進駐臺灣留個餘地。由此可見「臺灣地位未定論」是部分美國人為維護其國家利益而提出的一廂情願的構想，是站不住腳的。因為開羅會議宣言，美國也是當事國之一，豈能不承認臺灣在日本無條件投降後應歸還中國。再者，如果臺灣地位果真未定的話，那二戰之後日本何必在美國協助之下把臺灣移交給中國，且一九四五年以後亦未聞有任何國家向中國當局治理臺灣的合法性提出質疑。由此可見，所謂「臺灣地位未定論」只是臺獨人士為了使其臺獨主張合理化所勉強找的藉口罷了。綜上所述，自古以來臺灣從來不曾是個主權獨立的國家。臺灣在歷史上曾經被荷蘭人佔領過，但三十七年後即為鄭成功所光復，二十二年後又為清廷所統一，二百一十二年後被割讓給日本，五十一年後又重返祖國的懷抱。在世界外交史上，從來沒有任何外交文書出現過一個主權國家，其名字叫臺灣的。即使現在聯合國一百八十九個會員國中，也沒有任何一國承認臺灣是一個主權獨立的國家。因此，吾人可以斷言，所謂「臺灣是一個主權獨立的國家」，不僅背離歷史事實，也違背國際現實，純粹是臺獨人士杜撰出來的謊言。

也許有人會質疑，就算臺灣過去不曾是個國家，在國際社會上也沒有人承認，難道我們就不能在這塊土地上創建一個「新而獨立」的主權國家嗎？在此首先要說明的是，臺獨人士所提「臺灣是一個主權獨立的國家」，以及由此引伸而來的「臺灣主權不得做為兩岸政治談判的議題」，都是把「臺灣是一個主權獨立的國家」當成是既成的事實，其實這個主張是虛構的。假使我們抱持著把主觀的願望當成是客觀的事實，而以這種態度來處理兩岸關係，那毋寧是極其危險的。易言之，「臺灣是一個主權獨立的國家」充其量只是臺獨人士的願景，是未來式，根本不是現在式，更不是過去式。其次，在理論上，任何一群人當然可以隨時成立「新而獨立」的國家，只要符合國家的構成要件，而為國際社會所承認、所接受的話。然而在實踐上，有關國家的承認在國際法上有一條重要的原則，就是尊重「現狀」（Status quo），就像在民法上，動產的持有人原則上推定為其所有人。因為如果不尊重「現狀」，不假定「現狀」為合法，則國際秩序將無以維繫。要改變「現狀」只有兩條路：一是透過協商、談判，達成協議；一是透過事實行為獲得國際社會承認或至少默認。一般而言，所謂「事實行為」大多指軍事行動。易言之，要改變「現狀」，如果談判不成，只有訴諸武力解決。十八世紀七十年代英國在北美的殖民地為了抗議茶稅而發展成獨立戰爭，歷時七年，在法國的協助下，才逼使英國承認美國。而十九世紀以普魯士王國為中心的德國統一運動，也得在一八六六年與一八七一年分別擊敗奧地利與法國之後才能獲得實現。

兩岸關係乃國共內戰的延續

反觀中華民國自肇建以後，因袁世凱稱帝失敗，其屬下北洋軍閥割地自雄，導致軍政各派爭權奪利。先是張勳復辟，繼而南北分裂，各立政府。直至一九二八年國民革命軍北伐成功，全國才大致恢復統一。但抗戰以後，由於國共談判破裂，演成國共內戰，結果是四九年國民黨政府撤遷臺灣，大陸則成立中華人民共和國。迄今為止中華民國從未承認中華人民共和國的合法性。三不政策中的「不接觸」，即意謂著不與中華人民共和國有任何接觸，官方的接觸就意味著默認中華人民共和國的合法性。這也是何以現在兩岸的談判要經由海基會與大陸海協會的管道為之的道理，因為海基會與海協會都不是「官方機構」，而是接受雙方政府委託的「民間機構」。易言之，目前的實際「現狀」是國共內戰迄未結束，兩岸仍處於敵對交戰狀態。要結束這個交戰狀態，要改變這個「現狀」，只有兩條路：經由談判解決或繼續以武力解決。有部分人士異想天開，認為國共恩怨的包袱已隨著國民黨的下臺而卸掉了，兩岸以後各走各的路。殊不知，兩岸關係絕不是臺灣方面一廂情願就能解決。須知，拒絕談判就意味著要以武力解決，想要和平解決就不能拒絕談判。而中共提出恢復談判的前提是，臺灣當局應先接受一個中國原則。因為如果臺灣當局不接受一個中國原則，意即臺灣當局想搞兩個中國或一中一臺，這就意味著臺灣當局想將臺灣從中國永久性地分裂出去，這就是對中國領土與主權的侵犯。如此一來，臺灣當局就自外於中國，是中國的敵人，與敵人是沒得談，只有打而已。這套理路就是北京當局的思路，在理論上很難駁斥。

如果臺灣當局接受一個中國原則，那問題就變成到底是誰代表中國唯一合法的政府，或者誰才是中央政府的問題，也就是爭正朔的問題。這也就回到兩蔣時期的主張，只不過兩蔣時期自認為中國的正朔在自己一方，而北京當局當然不接受，認為國民黨政權早在四九年已被大陸同胞所唾棄，因而也只有取而代之的中共政權才是正朔所在。現在北京當局有退讓的意思，江澤民一再強調，只要在一個中國原則下，什麼問題都可以談。連錢其琛近來也鬆口表示，大陸與臺灣同屬中國，且強調兩岸關係不是中央對地方的關係。凡此種種顯示北京當局不再堅持自己才是中原正朔，臺灣當局何妨順水推舟，開始審慎研究與北京當局談判的可能性。

回到「重慶會談」

其實吾人不妨回顧一下，在抗戰即將結束之際，在美國駐華大使赫爾利敦促之下，也由於國民黨內——對中共主和派的——政學系之建議，蔣介石於四五年八月十四日、二十日、二十三日先後三次電邀中共主席毛澤東到重慶共商國家大計，毛原不接受。但由於中蘇友好同盟條約的談判已於八月十四日完成，蘇聯依雅爾達密約取得在中國東北及外蒙古的利權，而保證絕不支持中共及新疆的動亂。因此史達林電勸毛澤東「應與蔣介石締結暫時協定，參加蔣介石的政府，解散軍隊」。因此，毛澤東於八月二十四日表示接受邀請。八月二十八日毛澤東由赫爾利及國民黨政府軍事委員會政治部部長張治中陪同，率周恩來、王若飛等人自延安飛抵重慶。在蔣、毛親自參與下，國、共雙方展開了長達四十一天的「重慶會談」，其中舉行正式會談十二次。國共雙方對和平建國基本方針、政治民主化、保障人民自由、各黨派合法平等、實施地方自治與普選、釋放政治犯等問題達成協議；但對召開國民大會、軍隊國家化、解放區存廢及受降等問題則未能達成協議；至於召開政治協商會議的名額則尚待分配。政協會議代表原定三十六人，即國、共、民盟、社會賢達各九人。由於青年黨堅持要在民盟名額中佔五人，中共為使民盟其他盟員保有九名代表，自願讓出兩個名額，要求國民黨也讓出一名，另外增加兩個名額。因此政治協商會議代表增至三十八人，其中民盟與社會賢達各九人，國民黨八人，共產黨七人，以及青年黨五人。政治協商會議從四六年一月十日到三十一日，舉行三星期，其間爭執焦點是軍隊國家化。國民黨堅持先實施軍隊國家化，才能政治民主化，要求共產黨交出軍隊，青年黨附和之。共產黨則堅持政治民主化與軍隊國家化並行，要求國民黨結束一黨專政，使中國成為民主國家，並把國民黨的軍隊變成人民的軍隊。民盟認為國軍、共軍都要整編，不能只要求一黨交出軍隊。其他則討論省長民選、解放區存廢、政府改組、制憲國大代表選舉等。綜觀政協完成了政府改組案、國民大會案、和平建國綱領案、軍事問題案、憲法草案等五項決議案。由於五項決議案相當程度接受了中共及民盟的意見，中共及民盟大事慶祝，引起國民黨內強硬派的不滿。國民黨三月召開的六屆二中全會對政協決議多所修改，國共軍事衝突轉劇，致使政協決議不能落實，最後導致全面內戰。

臺灣當局其實可就重慶會談與政治協商會議中從共產黨學到不少寶貴的歷史經驗。抗戰結束時，國共軍力對比懸殊，即使到四六年六月國共全面開戰之際，以國共雙方的兵力和地盤來看，國民黨仍佔絕對優勢，大約是共方的三倍：國軍有四百三十萬人，而共軍只有一百三十萬人，國民黨佔有全國四分之三的土地和人民。換句話說，重慶會談與政治協商會議中，共產黨是以小搏大，以弱敵強。今天臺海雙方的軍力對比，在臺灣方面，攻雖不足，守則有餘；土地大陸是臺灣的二百六十餘倍，人口是六十倍，但在國民人均所得方面則臺灣是大陸的十倍左右。就雙方內部的政治情勢來看，大陸自中共建政以來有太多的政治運動，製造太多的冤、假、錯案，雖說七八年十一屆三中全會後，厲行改革開放，但基本上仍是共產黨一黨專政的局面，人民的民主權利諸如言論、出版、集會、結社等自由多受限制，沒有輿論與組黨自由、媒體與司法多受黨的操縱，沒有普選，軍隊仍然是聽中共中央軍委會的。而臺灣雖歷經三十八年戒嚴統治，但自八七年起解除戒嚴，開放黨禁、報禁，九一年廢除臨時條款，舉行國會全面改選，民主化從中央到地方，從政府到民間社團都在推行，政治犯的平反，乃至政權都已和平轉移到原來的反對黨手中，軍、情、檢、調、金融等單位也正在「去國民黨化」當中，這在在說明臺灣在蔣經國主政初期創造經濟奇蹟，在蔣經國晚年則又開啟了政治民主化的新局面。若以兵法來論，道、天、地、將、法五項要素中，最重要的就是「道」，從兩岸內部的政治情勢來看，只要臺灣回歸到一個中國原則上來，臺灣這幾十年的政經成就肯定比北京當局更受大陸同胞歡迎，只要理解這一點，兩岸不談則已，一上談判桌，臺灣就已經立於不敗之地，談判顯然對臺灣利大於弊。

規劃兩岸談判

如果兩岸要舉行會談，在會前會應先確認幾點：首先整個談判過程應開放媒體採訪，包括實況轉播。由於兩岸和平統一的談判必將成為全球關注的焦點，應該讓全體中國人（包括兩岸同胞，與海外華人）與國際人士瞭解整個談判過程。透過媒體的傳播既可避免祕密協議，也可由全體中國人與國際人士擔任講評，避免談判過程中出現大欺小、強凌弱，雙方都要表現出誠摯的態度，以理代力，謀求全體中國人民的最大福祉。其次，談判應充分體現對等與互相尊重的原則。如談判地點就應該在兩岸輪流舉行，不必只限於北京與臺北，上海、西安、南京、廣州、高雄、臺中、臺南、桃園也可以考慮。最後，談判最好是回復到四六年六月國共爆發全面軍事衝突前的狀況接著講下去。亦即兩岸先得原則上確認四五年十月重慶會談的結論，至於四六年元月政治協商會議的五項決議案後因遭國民黨六屆二中全會片面修改，因此兩岸政治談判可以考慮以重新召開政協會議的形式而開始。其代表名額可考慮兩岸的執政黨各佔九名，兩岸的在野黨九名，兩岸的社會賢達九名，合計三十六名。其中後兩類兩岸各佔九名。所謂在野黨是指大陸的八大民主黨派與臺灣立法院中得票率達百分之五以上的在野黨。所謂社會賢達是指對兩岸事務嫻熟的無黨籍政治人物。因重慶會談是蔣、毛兩人親自參與，可先就國共兩黨已達成協議的議題先行確認或因時移事遷而予以修正，再就未達成協議的議題繼續協商，最後才協商政協代表的提案。茲先將重慶會談的重要議題臚列於下：

一、國共雙方原都同意和平建國基本方針，要以和平、民主統一全中國。現將展開的兩岸政治談判應可先就「以和平、民主的方式完成國家統一」達成共識。

二、國共雙方原都主張政治民主化，尤其當時在野的共產黨更是一再反對國民黨獨裁，要求結束國民黨一黨專政。現在國民黨在臺一黨專政的局面已隨著臺灣民主化而結束，但是在大陸反而出現共產黨一黨專政的局面。兩岸政治談判應可就「兩岸政府應各自杜絕一黨專政，施行民主政治」達成共識。

三、國共雙方原都主張保障人民自由。但臺灣地區自四九年五月即實施戒嚴，憲法上許諾人民的政治權利大多遭到限制，直到解嚴後各項自由權利才逐漸恢復。而大陸在共產黨一黨專政之下，連國家主席劉少奇都不能自保，遑論一般人民。在中共十二大時趙紫陽曾提到實施政治體制改革，但六四以後穩定壓倒一切，政治體制改革遲遲未見啟動。九九年雖已將建設「社會主義法治國家」放進憲法第五條，但迄今人民的言論、集會、結社、著作、出版、講學、宗教信仰等自由仍未獲足夠的保障。兩岸政治談判應可就「保障人民自由」達成共識，並成立「兩岸人民政治權利保障委員會」，對兩岸政府在保障人民自由方面的努力與缺失定期向政協會議提出書面報告。

四、國共雙方原都同意各黨派合法平等。臺灣在戒嚴期間實施黨禁，合法的政黨，除國民黨外，就是隨它輾轉來臺的青年黨與民社黨，新政黨不得成立，而國民黨長期以來也一直威脅利誘青年黨與民社黨，並設法製造兩小黨的內部分裂，從而達到駕馭兩小黨的目的。六〇年雷震試圖籌組「中國民主黨」，結果以匪諜罪入獄。八六年民進黨挑戰戒嚴法，突破黨禁，搶灘成功，對日後臺灣民主化影響極為深遠。而在國共內戰期間，民盟比較同情共產黨，後來投共的民主黨派在解放初期固然受到共產黨的禮遇，但自五七年反右以後處境急遽惡化，到七八年改革開放以後，才又漸漸活躍起來。但總的說，這八大民主黨派基本上缺少獨立性，充其量只是「樣板」而已，在現實政治扮演不了在野黨，更不用說反對黨的角色。因此兩岸政治談判除應確認「各黨派合法平等」外，還應確認有「組織新政黨的自由」。這意味著臺灣各政黨在大陸的合法地位，同樣地，大陸各政黨（當然包括共產黨）在臺灣也享有合法的地位，兩岸所有的政黨一律平等。為了全中國的和平統一，兩岸現政權都要承諾保障組黨自由，各黨獨立自主與各黨公平競爭。

五、國共雙方原都同意實施地方自治與普選。臺灣地方自治是在日據時代遺留下來的基礎上開始，早自四六年三月即實施村里長普選，再由村里長間接選出鄉鎮（市）民代表組成鄉鎮（市）民代表會，而縣（市）參議會及省參議會的議員則分別由鄉鎮（市）民代表與縣（市）參議員間接選舉產生。自五〇年鄉鎮（市）民代表與改制為縣（市）議會的縣（市）議員均由公民普選產生。鄉鎮（市）長與縣（市）長原為官派，五〇年後也經由公民普選產生。至於省參議會則於五一年改制為臨時省議會，五四年臨時省議會議員改由公民普選產生，到五九年臨時省議會才改制為第一屆省議會。以上各類選舉起初每二或三年改選一次，六〇年以後漸次調整為每四年改選一次。臺北市與高雄市原隸屬臺灣省，分別於六七年、七九年升格為院轄市。長期以來省（市）首長皆為官派，到九〇年才改由行政院長提名，經省（市）議會同意後任命之。自九四年起省（市）長亦經由公民普選產生。至於中央民意代表（立、監委及國代）自四八年後迄未改選，到六九年才辦理極小額的增補選，七二年以後漸次擴大辦理增額選舉，直至民進黨成立時，臺灣地區增額中央民代的所佔的比例尚不及十分之一。經增額立委朱高正全力推動國會全面改選運動後，四八年及六九年選出的中央民代才辦理退職，而於九一年與九二年年底分別舉行國大與立委的全面改選。自九六年起總統亦每四年經由公民普選產生。而大陸自四九年以後歷經各種政治運動，根本談不上法治，尤其文革期間，各地各級政府，除解放軍外，大多為文革小組或革命委員會所接管，毫無制度規範可資依循。自七八年改革開放以來，厲行社會主義民主法制建設，漸次恢復各級人大與政協的功能，雖說人大與政協的體制日臻完善，人大代表與政協委員也較以前能夠反映人民群眾的心聲，但總的來說，仍舊離不開共產黨一黨專政的窠臼。譬如說，因為人大是政權機構，因此各級人大代表共產黨的比例不得低於七成，而政協因為是參政、議政的機構，所以共產黨的比例又不得高於四成。這種作法顯然還停留在計畫政治的水平。在大陸行政層級分為中央、省（市、區）、地（市）與縣（市）四級。自九六年以來開始採行村委會自治選舉，約莫相當臺灣四六年到五〇年只開放村里長公民普選。各級政府首長均由同級人大代表間接選舉產生，而地（市）級以上的人大代表則由下一級人大代表間接選舉產生，採用間接選舉比較容易掌控選舉結果，且選舉期間不允許公開的競選活動，諸如拜訪選民拉票、自辦政見發表會、散發傳單等。易言之，臺灣基本上已經實施地方自治與普選，而大陸尚在起步階段，尤其共產黨應解放思想，實事求是，敞開胸襟，接受挑戰，還政於民，面對競爭。其中尤其以全國人大代表開放普選最為緊要，臺灣民主化的經驗顯示出，真正——獨立於執政黨——的在野黨或反對黨是推動民主化的發動機，而經由公開競爭與普選產生的國會則可最有效反映最新的、真實的民意。如果中共真心誠意要「以和平、民主的方式完成國家統一」，那中共就應承諾儘快實施全國人大的普選，然後逐次落實地方自治與各種選舉的普選。

六、國共雙方原都同意「釋放政治犯」。隨著時代的變遷，「釋放政治犯」不局限於在押的政治犯，而應包括流亡海外的異議人士。有關「釋放政治犯」在臺灣由於民主化，原則上已沒有這個問題，但是在大陸仍有不少人因其政治見解、思想傾向或世界觀不見容於中共當局而遭拘押在監，或由於其在海外發表批評北京當局的言論、參加民運組織或參與示威活動而被拒絕回國或因恐懼而不敢回國。其實，歷史一再告誡統治當局，民可載舟，亦可覆舟，異議人士可說就是人民的菁英。他們固然可能危害政局的安定，但常常也是開創新局的人物，這取決於是否有一套能包容異議人士的政治機制。想當年在戊戌政變後，對清廷而言，康有為、梁啟超、孫中山、黃興等人不就是危害國家的異議分子嗎？在國民黨二七年清黨後，李大釗、陳獨秀、瞿秋白、李立三、毛澤東、周恩來等人不也是危害國家的異議分子嗎？在臺灣實施戒嚴期間，對國民黨而言，這些高唱民主與制衡的黨外異議人士，不是被視為危害國家安全，而一再被打壓嗎？如今事實證明，一部中國現代史就是這些異議人士用自由和鮮血寫出來的，藉著他們的犧牲、奮鬥，時代的巨輪才能緩步前進。所謂「十年樹木，百年樹人」，「千軍易得，一將難求」，一個時代能產生的異議人士有限，他們不畏天命，崇尚自由，有獨立的思想與人格，有出色的才學與膽識，他們就是古代的「野之遺賢」。為了中華民族的復興，珍惜他們都來不及了，怎忍心再加以迫害？中共當局應解放思想，大開大闔，包容廣大，尊重少數，才能為兩岸的和平統一做出貢獻。既然毛澤東在四五年重慶會談中要求蔣介石釋放政治犯，而蔣也同意了；今天臺灣當局如果要求共產黨釋放政治犯並與異議人士全面和解，共產黨當然沒有理由拒絕。為了完成和平統一，共產黨應儘快釋放政治犯及解除海外異議人士的返國禁令。

以上六點是國共雙方，在蔣、毛兩人親自參與下，所達成的協議，這六項協議應可做為今後兩岸政治談判的基礎。當年毛澤東應邀出席重慶會談，不只代表共產黨，他也試圖在會談中爭取中間民主黨派的支持。因此，在會談中，毛澤東是代表廣泛的——非國民黨，甚至是反國民黨的——在野黨派與人民，向當時主政的國民黨政府提出這些要求。既然國共雙方當時都已達成協議，後來發生國共內戰，現在既然希望停戰，以和平的方式解決，那麼在兩岸政治談判舉行前，除非有發生新事實或提出新理由，否則這些協議內容的效力沒有理由被否認。以下繼續討論當年國共雙方未達成協議的議題（受降問題因已不存在除外）。

七、召開國民大會問題。國民黨當年主張儘速召開國民大會，制定憲法，以便結束訓政，實施憲政。共產黨則主張先召開黨派會議，組織聯合政府後，再召開制憲國民大會。雙方針鋒相對，爭持不下。其所以如此，主要是基於鬥爭策略的考量。站在共產黨的立場，要是依國民黨的主張，在四六年十一月十二日召開國民大會，共產黨只要交出出席國大的名單，就已經承認國大召開的正當性。且馬上就要結束訓政時期了，共軍的收編勢必成為下一階段國共談判的焦點。共產黨之所以還能與國民黨討價還價，就是因為有武裝力量，有地盤的緣故。共產黨自二戰之後，向來是以武力為後盾，而以團結中間黨派、青年學生、勞工與各界人士，做為從事反蔣、反美鬥爭的第二條戰線，協助軍事鬥爭。同意召開國民大會將使軍事鬥爭路線失去正當性。反之，對國民黨而言，召開黨派會議與組織聯合政府，無異將使國民黨政府陷於被動，甚且將成為箭靶子。對中間民主黨派而言，大家顯然對召開黨派會議與組織聯合政府的興趣遠超過召開國民大會。因為黨派會議的召開等於提供了一個眾所矚目的政治舞臺給中間民主黨派人士，而組織聯合政府更是給他們邁向權力之路搭了橋。召開國民大會這個議題就這樣成了國共雙方角力的競技場，結果當然是國民黨落了下風。只有青年黨與社民黨退出民盟，提出出席國大名單，而這也使得爾後制定的憲法，及依此憲法產生的國大，立、監委以及正、副總統，缺乏足夠的正當性。今後兩岸政治談判，應吸取重慶會談與政治協商會議的經驗與教訓。國民大會的召開乃是兩岸和平統一所必需，但其召開應待兩岸均已充分民主化後，方可經由自由選舉產生國民大會代表，制定新憲法。若以每百萬人選出一名國大代表計算，那臺灣地區將只能選出二十餘位國大代表，而大陸地區則將選出一千三百餘位，港澳地區約八位，而少數民族則應予特別保障，不受每百萬人選出一名之限制。也許有人擔心如此一來，臺灣同胞的意見就無法充分反映在憲法裡。其實不然，制憲原則與憲法草案可規定由政協會議提出，再交國民大會討論、議決。而政協會議的代表則已如上述，臺灣與大陸代表名額各佔十八名，因此無庸憂慮大陸會倚多為勝。此外，在召開國大代表選舉前，政協會議也有足夠的時間來草擬制憲原則及憲法草案。

八、軍隊國家化問題。自從曾國藩創建湘軍、李鴻章創建淮軍以來，近代中國軍隊就帶有濃厚的個人或地域色彩。湘軍在平定太平天國後沒落，淮軍則於平定捻亂以後，在甲午戰爭中被打垮。甲午戰後袁世凱奉命在天津編練「新建陸軍」，官佐多為天津武備學堂畢業生，聘用德國教官。一八九九年北洋大臣榮祿將京畿附近的軍隊編為「武衛軍」，分前、後、左、右、中，共五軍，袁世凱的新建陸軍改為武衛右軍。一九〇〇年八國聯軍之役，京津一帶武衛軍多被消滅，袁世凱時任山東巡撫，武衛右軍得以倖免。八國聯軍之後，袁任直隸總督兼北洋大臣，乃以武衛右軍為基礎，練成北洋軍六鎮。後來袁世凱洪憲帝制失敗身亡，北洋軍閥各立山頭，終演成直系、奉系、皖系、馮系與閻系。北方政局原則上就是北洋軍閥間的合縱連橫。而南方政局則自二三年孫中山決定聯俄容共之後，國共合作，並在蘇聯援助下，創辦黃埔軍校，蔣介石出任校長，創建國民革命軍，其實是黨軍。後來在二七年蔣介石在北伐途中實施清黨，造成寧漢分裂，當年八月一日賀龍率部發動南昌起義，是為工農紅軍的開始。其他各地也多擁兵自重，如滇軍、桂系等。二八年北伐成功，全國大體復歸一統，除紅軍外，皆聽命於蔣介石。但二九年為了部隊的編遣，起先引起桂系李宗仁反抗中央，繼而馮玉祥，終而在三〇年連閻錫山也投入，引爆持續半年多的中原大戰，這是個全國性的內戰，雙方各動員七、八十萬人，叛軍傷亡十五萬人，中央軍傷亡亦逾九萬人。中央軍雖贏得勝利，但編遣工作完全停頓，軍費支出仍與戰前一樣，佔政府支出的百分之八十五。抗戰勝利後，國共爭執的焦點仍是共軍收編的問題，後來以國共內戰解決。臺灣在戒嚴時期黨政軍一體，軍隊高度黨化，政戰系統遍布軍中。自民進黨創建以來，即一再提出軍隊國家化的要求，但時至今日，沒人確信臺灣地區已經完成軍隊國家化。大陸向來主張槍桿子出政權，以黨指揮槍的傳統迄未改變，解放軍仍歸中共中央軍事委員會指揮。在重慶會談時，國共雙方都沒反對軍隊國家化。爭執的焦點是，國民黨主張先實施軍隊國家化，才能政治民主化，要共產黨先交出軍隊；共產黨則主張政治民主化與軍隊國家化應同時進行，並要求把國民黨的軍隊變成人民的軍隊。如今北京當局提出「和平統一，一國兩制」，容許臺灣在實施一國兩制後仍可保有自己的軍隊。其實，臺灣能不能保有自己的軍隊，就長遠來看，並不重要。重要的是軍隊是效忠國家，還是效忠政黨。國共雙方應可先就軍隊國家化達成共識，並在雙方均充分民主化後，再將軍隊國家化，以後就不再有「國軍」或「共軍」，而只有「人民的軍隊」。

九、解放區存廢問題。當年重慶會談共產黨要求以「解放區」作為地方政府，可自十九個減為十一個，但國民黨只答應留任部分人員。如今這十九個「解放區」已經擴及整個大陸地區，臺灣成為「尚待解放地區」；或者倒過來講，國共內戰，國民黨政府只保住臺灣這塊「淨土」，整個大陸全成為「淪陷區」了。如今解放區存廢問題，由於主客易勢，共產黨答應經由「一國兩制」，讓臺灣這塊「尚待解放地區」繼續保存，而臺灣則不得不同意「解放區」繼續存在。但話說回來，「一國兩制」乃是兩岸和平統一所不可踰越的一個歷史階段，全中國終將統一在同一個——可以求同存異、廣為兩岸人民所接受的——制度之下，到那時「解放區存廢」問題就變成多餘的了。

四、美麗島事件後的民主化與臺獨運動

發生在七九年底的高雄美麗島事件對爾後臺灣政治發展及兩岸關係均產生極為深遠之影響。由於美國在七八年十二月十六日宣布與中華民國斷交、廢除共同防禦條約，並自臺灣撤軍，接著在七九年一月一日與中共建交，並於建交公報中，「承認中華人民共和國乃是中國唯一合法的政府」，並「認知中國人的立場，只有一個中國，而臺灣是中國的一部分」。原訂於七八年底舉行的增額立委與國代改選，因而延後兩年方才舉行。七九年八月黃信介與許信良創辦《美麗島》雜誌，宣揚民主理念。嗣後因發生高雄黑派精神領袖余登發涉嫌「匪諜案」被捕，許信良——與余登發的長媳余陳月瑛原來在臺灣省議會同為黨外省議員——發起戒嚴時期首次遊行示威，抗議國民黨當局栽贓余登發。時任桃園縣長的許信良因發動示威觸怒當局，被司法院公務員懲戒委員會裁處停職兩年的處分。後來在當時省主席林洋港的勸告下，許信良率同妻小流亡美國十一年。

由於七八年與美國斷交，臺灣社會即呈現一股莫名的不安，有錢、有辦法的人紛紛移民，房地產價格暴跌，而在政治方面則出現一股參與熱潮。在七九年六月舉行的村里長選舉，報名參選的人數呈現爆炸式的成長，比較敏感的政治觀察家已經可以推測：假使黨外此時不懂得緊急煞車的話，不出六個月就可能出現民主大倒退的現象。因為當時國民黨政府有如驚弓之鳥，它受不了民間自主力量的迅速膨脹，只得出此下策——抓人。但當時的黨外人士大多抱持過分樂觀的態度，尤其剛成立的《美麗島》雜誌銷售一路攀升，雖然是月刊，但利潤豐厚，足夠貼補相關人員與活動的開銷。因此，各縣市的美麗島雜誌社服務處如雨後春筍般紛紛成立，儼然以黨外各縣市黨部自居。由於發展勢頭太過迅猛，國民黨的軍情單位已著手沙盤推演，正在等待最恰當的時機，一舉成擒。當年十二月十日剛好是聯合國發布人權宣言三十週年紀念日，美麗島雜誌在高雄市舉行「國際人權日」遊行，與維持秩序的鎮暴憲警發生嚴重衝突，造成憲警一百八十三名受傷，警方也發射催淚瓦斯。事後雙方互相指責，黨外認為鎮暴部隊是「先鎮後暴」，而國民黨政府則發動媒體全面圍剿、醜化黨外人士，一片腥風血雨。然而即使在事發後第三天，美麗島雜誌高雄地區負責人周平德、楊青矗等人對於情勢的嚴重性仍懵然無知，雖經當時仍在軍中服役的筆者本人警告國民黨即將抓人，仍不太相信。果不其然，自十四日清晨起搜捕行動即全面展開。在高雄美麗島事件中，軍事檢察官以叛亂罪起訴五十三人，後遭軍事法庭判刑者計五十一人，施明德無期徒刑，黃信介十四年，張俊宏、林義雄、林弘宣、呂秀蓮、陳菊各判十二年，其餘數月到數年不等。

美麗島軍法大審的民主啓蒙意義

美麗島事件之所以影響深遠有其原因。臺灣自從四九年五月宣布戒嚴，採取軍事統治以來，雖頻頻發生政治案件，但論規模及對民眾的影響都不能與美麗島事件相提並論。因為過去的政治案件大多發生在特定的範圍或是幾個人之間的謀劃，缺乏公開性，因此是真是冤，外人無從得知。其次過去的政治犯在出事前大多屬泛泛之輩，在社會上缺少知名度，很難引起大眾的關注。美麗島事件則不然，黃信介是六九年增補選的立法委員，乃是「終身立委」，本來可在家養尊處優，卻投入民主運動，且自其從政以來，對民主的貢獻大家有目共睹，尤其在七十年代到處為黨外候選人站臺，硬說他是「暴力分子」，其誰能信。再看張俊宏、林義雄、林弘宣、呂秀蓮、姚嘉文等人的學歷，個個是臺大畢業的高材生，張俊宏是碩士，而呂秀蓮則是哈佛大學的碩士。臺大畢業生在臺灣社會自日據時代就是社會菁英的代名詞，這些人如今竟然被指為「暴力分子」，毋寧怪哉。況且張俊宏、林義雄兩人自七七年當選省議員後，表現突出，與時任省主席的林洋港常有精采的政策辯論，而姚嘉文則是頗有成就的律師，其在票據法方面的見解也常為同行所推崇，同案的楊青矗則是位以人道主義見稱的工人作家，這些人基本上多是戰後在臺灣成長的一代，原本不相識，只因為自由、民主、人權的理念而結合在一起，被國民黨強冠上「暴力分子」的帽子，誰是暴力分子就不言而喻了。尤其是在軍法審判期間，他們無畏於國民黨當局的威逼利誘，利用公開審判的機會，侃侃而談他們的理念與抱負，雖說當時媒體報導受到很多限制，但眼亮的讀者還是看得出他們真實的主張。因而美麗島軍法大審，對臺灣民眾而言，無異是一系列民主理念的講習，對日後政治發展起了始料所未及的作用。而發生在審判期間的林義雄家二二八滅門血案，更是震撼全島，引起普遍的同情。

高雄美麗島事件對當時黨外民主運動的打擊是致命的，黨外人士損兵折將，也使得原已粗具政黨雛形的黨外，魂飛魄散，大大延緩了臺灣邁向民主化的步伐。當時政治氛圍是一片肅殺之氣，低迷得快令人窒息。八〇年底就要舉行——在七八年因故被停掉的——增額國代與立委的選舉，而八一年底則將舉行臺灣省議員與臺北、高雄兩市市議員的改選，在黨外菁英大量落難之際，如何找到足夠的候選人來延續黨外的香火呢？天無絕人之路，國民黨絕沒料到，抓了一批進去坐牢，反而又引來了一大批新秀投入。受難者的家屬與軍法大審的律師團受命於危難之際，前者如方素敏（林義雄妻）、許榮淑（張俊宏妻）、周清玉（姚嘉文妻）、黃天福（黃信介弟）、藍美津（黃信介弟媳）等人；後者如尤清、江鵬堅、蘇貞昌、謝長廷、陳水扁、張俊雄等人。這些人就扮演臺灣民主運動青黃不接之際，承先啟後的角色。他們投入選舉多能輕易當選，除了同情票外，對他們所提倡的民主理念的認同更是主因。在這段最悲慘的歲月中，受難家屬互相慰藉，臺灣基督長老教會也在此時提供靈糧，讓他們精神有個依託，住民自決原則與「建立新而獨立的國家」等主張也在此時開始與世俗化的政治力量相結合。

美麗島事件之後，增額立委康寧祥以穩健謙退的作風獨能倖免於難，也許由於當時的總統蔣經國在擔任行政院長時，與他在立法院有六年相處的機會，瞭解他是位理性的改革者，也許由於康寧祥對當時美麗島雜誌社發展太快持比較保留的態度，不論如何，在事發之後，他不斷為營救受難同道四處奔波，力圖要保住黨外的香火。儘管如此，卻遭到不少的責難與質疑，這使得他在黨外的威望大受影響。與此同時，不少人把希望寄託在尤清身上，他不僅是辯護律師團的要角，也擁有西德海德堡大學的法學博士學位。八二年尤清被黨外推薦角逐臺灣省增額監委選舉，由於監委當時係由省議員投票產生，競爭十分激烈，在國民黨全力封殺下，尤清低空掠過，以最低票數五票當選。與立委、國代不同，監委擁有獨立調查權，而且尤清是黨外唯一的監察委員，這使得尤清在八十年代成為黨外炙手可熱的政治明星。在臺北市議會則有謝長廷、林正杰、陳水扁三人號稱「黨外三劍客」，但三人都只任一屆，林正杰、陳水扁均在八六年因案入獄，而謝長廷則轉戰立委大意落敗。

編聯會與公政會

八十年代初可說是黨外雜誌百家爭鳴、百花齊放的年代。由於受到美麗島雜誌暢銷的鼓舞，雖然高壓政治寒氣逼人，但黨外人士還是冒險辦雜誌。因為辦雜誌既可宣揚理念，又可結合同道，更可提高知名度為日後參選舖路。最常見的形式，是找個公職人員掛名當發行人，如此負責查禁報刊雜誌的警備總部顧忌會多一點。此外本來為月刊，漸次往週刊發展。早期辦得最成功的堪稱是《雷聲》雜誌，由臺北市議員雷渝齊親自編輯，雷渝齊本為國民黨籍，但主張改革，對國民黨的言論尺度瞭如指掌，因此《雷聲》罕被查禁，《雷聲》就逐漸成為求新求變的中產階級的代言人。掛名增額立委許榮淑為發行人的《深耕》雜誌則首創不斷以諧音，如「生根」，來取代被吊銷執照的原雜誌，與警總鬥法。新潮流雜誌則由吳乃仁、邱義仁等青年知識分子創辦，強調群眾運動路線與體制外改革。由鄭南榕與李敖合辦的時代系列，則預先申請多張雜誌許可執照，俾使雜誌不致因被吊銷執照而停刊。時代系列以言論激進、爭取百分之百的言論自由為號召，對突破戒嚴時期的言論禁忌頗有貢獻。他如林正杰的《前進》、陳水扁的《蓬萊島》、鄧維禎的《政治家》、周伯倫的《新觀點》、尤清的《博觀》、吳祥輝的《第一線》，以及後來朱高正的《自由臺灣》等均各具特色。

八十年代中，黨外次級團體日漸增多，譬如關懷中心、臺灣人權會、黨外推薦團、黨外人士競選後援會等。其中最重要的兩個組織便是成立於八三年的「黨外編輯作家聯誼會」（簡稱編聯會）與八四年成立的「黨外公職人員公共政策研究會」（簡稱公政會）。編聯會顧名思義，它是由黨外雜誌的編輯與作家組成的，幕後核心則是新潮流系人士，不少搖筆桿子的公職人員也以個人身分參加，如八三年底當選增額立委的江鵬堅便是。而公政會剛開始必須是公職人員才能參加，已經有點類似民主先進國家的菁英政黨了。八六年初公政會決定在各縣市籌設分會，被國民黨視為違反戒嚴法，引發朝野緊張，雙方溝通數次，情勢才轉趨緩和。想當年美麗島雜誌社就是在各縣市成立服務處，發展太快，已粗具群眾政黨的模型，才遭到國民黨的打壓。如今各縣市籌設公政會分會，這無疑是未來的縣市黨部，因此各地黨外人士莫不積極投入分會的籌設，但也因此糾紛頻傳。首先是臺北市就鬧雙胞，陳水扁為了杯葛康寧祥的首都分會，另立臺北市分會，而高雄市王義雄系統也與張俊雄系統格格不入，這使得黨外原已存在的路線之爭，愈加熾熱。

路線之爭

所謂路線之爭就是指議會路線與群眾路線之爭，用憲法學上的術語，稱為「議會內反對」（parlamentarische Opposition）或「議會外反對」（ausserparlamentarische Opposition），有人稱前者為「體制內」（System-immanent）、後者為「體制外」（System-transzendent）。簡單說，議會路線是主張改革應以議會鬥爭為主，群眾路線只是在議會路線走不通時的選項。群眾路線則主張，現行體制根本就沒有正當性，採行議會路線意味向現行體制靠攏，應以議會外的反對運動為主軸，議會鬥爭應配合這個主軸。對主張群眾路線的人士而言，南韓學生民主運動與菲律賓黃色民主旋風就是最理想的典範。其實這兩條路線的鬥爭在美麗島事件之後，就已露端倪，後來演成「批康事件」與「雞兔之爭」。其實，所謂路線之爭，情緒成分居多，對議會路線的批評，既沒事實根據，又缺少學理上的論證。綜觀世界民主先進國家的反對運動經驗，這兩條路線同樣重要，缺一不可，之所以有爭執，說穿了，就是為爭取反對運動的主導權罷了。取得主導權之後，就要善用這兩條路線，而不是捨此就彼。只可惜臺灣的反對人士缺乏這種涵養，以致遺留無窮的後患。

八六年由於公政會籌組地方分會，使得黨外組黨的形勢愈益明顯，不僅公政會當時在理事長尤清領導之下開始研擬黨綱，編聯會同樣也積極蒐集資料撰述黨綱。而八六年年底又將舉行增額立委與國大的改選，黨外的推薦作業從八月份已經開始，預定在九月二十八日召開全島黨外中央後援會，確定推薦參選名單。而八月一日美國眾議院外交委員會通過敦促國民黨開放黨禁的提案，使得組黨的形勢如箭在弦上。黨外人士數次集會，認為選舉前應成立組黨籌備委員會，而最好的機會莫過於利用九月二十八日黨外中央後援會開會時宣布成立。因此，公政會與編聯會兩邊的黨綱加速整合，後來決定原則上採公政會的草案為基本綱領（分五項），編聯會的草案為行動綱領（有上百條）。此時流亡在美國的許信良審時度勢，宣布成立「臺灣民主黨籌備委員會」，準備隨時遷黨回臺。

黨外人士朱高正博士，時任公政會臺北縣分會理事長，正準備返鄉參選雲嘉南五縣市的增額立委，原擬九月二十七日在其家鄉北港鎮南陽國民小學舉行首場演講會，孰知中區警備司令張少剛親自坐鎮指揮，率領憲警約三千人赴北港鎮壓，北港街上自下午起佈滿拒馬與蛇籠，猶如諾曼第登陸。該場演講會事前經申辦核准，當天下午突然被撤銷核准。雙方從下午六點左右開始發生衝突，在朱高正引領下，當晚八點主戰場就移往媽祖廟前的中山路。警方出動兩輛高壓噴水車，後均為群眾所佔領，警備司令張少剛躲在民房內指揮，後來落荒而逃。雙方鏖戰至深夜，公政會理事長、增額監委尤清博士晚上十二時許趕到北港前來關心，憲警及民眾均有多人負傷，據悉此乃美麗島事件以來最嚴重的群眾事件。

民主進步黨的成立

翌日，九月二十八日，黨外中央後援會在臺北市圓山大飯店隆重揭幕，有來自全島各地黨外後援會代表百餘人與會。上午的議程主要是討論地方後援會所推薦的人選，議程順利，共計推薦四十一名候選人代表黨外參加年底增額立委與國代選舉。下午原定主要議程為成立組黨籌委會一案，到一點四十分許朱高正要求發言，由於他的一席話扭轉了整個大會的議程。他說：「本人反對民主運動發展到了這個階段，大家還坐在這裡討論如何成立組黨的籌備委員會，組黨需要的是勇氣、決心和行動。大家不要忘記，當年雷震在籌組中國民主黨時，就已經被國民黨抓得一乾二淨。因此本人建議大會，現在就正式宣布成立新黨，方法如下。今天上午被黨外中央後援會推薦參選年底增額立委與國代的四十一位候選人為新黨的當然發起人，如果國民黨在投票前逮捕任何一位候選人，其他四十位就退出選舉。讓國民黨因為黨外組黨而抓人，而造成黨外集體杯葛選舉，成為一則國際矚目的政治新聞，看蔣經國敢不敢賭這一把?!」朱高正發言後，全場歡聲雷動，新黨就這樣成立了。緊接著就是黨名的問題，幾經爭執，決定不冠以「中國」、「臺灣」或「中國臺灣」，定名為「民主進步黨」。

八六年底增額立委與國大改選，黨外中央後援會推薦的候選人有二十三人當選，且黨外當選人在各該選區多為最高票當選人，這使得國民黨當局對新成立的民進黨不敢採取斷然措施。在此之前，對一般民眾而言，國代與立委沒什麼區別，甚至大多數人寧願當國代而不願當立委。因為國大每六年才改選一次，立委則每三年改選一次，而待遇幾乎相同。何況擔任立委，須辭掉公職或不得擔任公司總經理、不得執行律師或會計師業務，而國代不僅不必辭去原工作，還可兼他職。這是因為國代的職責為選舉總統、副總統與修改憲法，而總統、副總統每六年才改選一次，憲法則未曾修改過，充其量也是六年才修改一次臨時條款而已。因此國代可說是個閒差，而地位崇高，待遇優渥，對有心從事民主運動的人士而言，是個不錯的去處。至於立法委員，長期以來由於國民黨一黨獨大，立法院實質上只不過是行政院的立法局而已。雖說依憲法的規定，立法院議決法律案、預算案、戒嚴案、大赦案、宣戰案、媾和案、條約案及國家其他重要事項，但在實務上，向來是國民黨中常會交行政院執行，立法院只有背書的份而已。而立法委員就算有不同的意見，也大多以書面質詢稿的方式提出。到七二年年底康寧祥當選增額立委之後，才敢在總質詢時，以口頭質詢的方式向行政院長當面提出。自此，每個會期總質詢期間，黨外立委的質詢就成為各界關注的焦點。久而久之，大家就誤以為立委的主要職責，就是每個會期總質詢期間提出一篇夠份量的質詢稿而已。然而隨著民進黨的成立，新當選的黨籍立委十一名及四八年選出的老立委費希平，在尤清的提議下，組成民進黨立法院黨團，並由朱高正擬定黨團組織章程。由於朱高正是雲嘉南地區最高票當選的新科立委，其競選主要政見就是國會全面改選。在競選期間，他承諾選民：「各位鄉親如果將朱高正送進立法院，我向大家保證，等於是送了一顆超級炸彈進入立法院。我保證將竭盡所能，把立法院搞得東倒西歪、山崩地裂，徹底癱瘓立法院的議事運作，逼國民黨不得不接受我國會全面改選的要求。」在這裡朱高正已經預告了立法院即將面臨前所未有的大變局。

立法院新會期一開議，民進黨立法院黨團與國民黨立法院黨部即為程序問題而交鋒頻頻。當時國民黨目睹民進黨已成氣候，如強行取締，可能引發政治風暴，後經蔣經國裁示，制定「國家安全法」、「集會遊行法」，並修改「人民團體法」（三者簡稱「國安三法」）以為解嚴之準備。國民黨希望民進黨遵守憲法、反對共產主義、反對臺獨，另一方面制定所謂「國安三法」做為規範解嚴後維持社會、政治秩序的法律依據。民進黨懷疑國民黨換湯不換藥，因此「國安三法」的制定整整費了兩個會期的辯論、協商，甚至是逐句逐字的審議，乃告完成。國安三法平心而論，畢竟與戒嚴法、戒嚴令大有不同，因為它縮小了軍法管轄的範圍（非現役軍人不再受軍法審判）、縮小了警備總部的職權（將出入境、山防、海防等業務移歸警政署管轄）、放寬出、入境限制，並放寬對集會、結社、遊行及言論、出版等自由之限制，且大幅縮小山防、海防的管制範圍。而八七年七月十五日國民黨政府宣布解除戒嚴。依修改後人民團體法之規定，國民黨也要與民進黨一樣向內政部完成備案手續，才能成為合法政黨。八八年元月一日正式解除報禁。至此，黨外民主運動所追求的解除戒嚴、開放黨禁、報禁，均由於民進黨的成立而一舉達成。

立法院頓成民主改革的中心

民進黨立法院黨團在審議國安三法的過程中，與國民黨展開幾近肉搏的攻防戰。由於國民黨立法院黨部的職權有限，缺乏自主權，在與民進黨立法院黨團協商時，還得層層請示，先是中央政策會、中央委員會秘書長，有時甚至要請示到黨主席。反觀民進黨立法院黨團一開始即在黨團章程中楬櫫黨團自主的原則（這是一般民主先進國家中國會的慣例），並報民進黨中央黨部核准在案，因此在運作上具有高度的自主性。中央黨部也多能與黨團配合無間，鮮有過問黨團事務之舉，更不曾插手黨團內部人事，這與後來的新黨全然不同。民進黨立法院黨團無論在法案審議、政策監督或預算案審查上都有傑出的表現，逼得國民黨中常會通過的決議案要付諸實行前，仍得過民進黨立法院黨團這一關，這就使得整個國家決策中心漸漸轉移到立法院。在戒嚴統治之下，立法院只是個維繫法統的工具，本來是人跡罕至的破落山神廟；而黨外立委也只能利用總質詢發發牢騷而已，但從八七年二月新會期開議以來，在立法院的大門口，各種請願、示威團體絡繹不絕，儼然已成為香火鼎盛的大廟了。

民進黨的立委們在立法院議事論政，幾乎不放棄任何可以凸顯國會全面改選訴求的機會。尤其是每當重要法案或預算案相持不下，不得不訴諸表決時，國民黨就得大費周章動員那平均八十三歲的二百多位老委員前來立法院。這又少不得針對這批三十多年未曾改選過的老立委是否有表決權爭執一番，爭執中身體的碰撞、肢體的衝突在所難免，這就成為臺灣地區獨有的政治文化了。說起來也荒唐，八六年底增額立委改選，國民黨籍當選五十九席，扣除僑選十八席，在臺灣地區選出為四十一席，民進黨十一席，就如同朱高正所言：「表決時，我們寧可以十一比四十一敗北，但絕無理由要我們以十一比一、兩百敗北。」為何國民黨在臺灣地區選出的增額立委大多不出席會議？原因是多方面的，主要是大多數的國民黨籍立委有自己的事業，且原來當立委又不需天天開會，只需來簽個到就可以了，面臨新形勢一下子調整不過來。有些比較有良知的黨籍立委，明明知道國民黨沒道理，還要強行表決，為了顧及自身形象，不願揹「國民黨幫凶」的黑鍋，因此動員不來。估計當時國民黨專職的增額立委也大概十位左右，與民進黨旗鼓相當，因此面臨需要表決時，只能求助於老委員。但老委員也有一肚子苦水，他們何曾願意當「表決部隊」？遙想四八年當選立委，當時他們都是一時之選，留德、留英、留日的人所在多有。誰知時運不濟，輾轉來臺，「中華民國」這塊招牌就靠他們這批法統來硬撐。現在大家都垂垂老矣，年輕者梁肅戎也已七十，年老者李雅仙則已上百。基於職責所在，來開會被斥為「老賊」，在家身為祖父、祖母，看在兒孫眼中，真是情何以堪。那些臥病在床或長年滯留國外的老委員從不到院開會，只是每會期來院報到一次，亦即一年來院兩次，就可坐領部長級待遇。相形之下，被罵「老賊」的，原不該挨罵；該挨罵「老賊」的，卻沒人罵得到。這種弔詭的現象，對於一個暮氣沈沈的政黨，竟然激不起任何改革的銳氣，毋寧怪哉。整個國會全面改選運動就在民進黨立法院黨團的議事抗爭—兩黨協商不成—國民黨動員老委員表決—爆發肢體衝突—民進黨發動群眾抗爭中，不斷廣為傳播。尤其自八七年九月臺灣地區兩大報之一的《中國時報》率先表態支持國會全面改選，更起了推波助瀾的作用。至此，國會全面改選在輿論上已取得壓倒性的勝利，何時全面改選只賸時間問題而已。

在立法院有關國會全面改選的辯論中，多數老委員認為，國會全面改選是在為臺獨舖路；朱高正則認為，唯有國會全面改選，推行民主化，實現孫中山創建「民國」的理想，才能避免臺獨。當年朱高正和尤清聯手向行政院提出總質詢時，朱高正是這樣來詮釋民進黨的自決黨綱的：「民進黨主張住民自決，認為臺灣前途應由臺灣全體住民共同決定，而大陸的前途也應由大陸全體住民共同決定，亦即在雙方都已充分民主化後，才有條件進行統一談判。」揆諸日後的發展，從某種意義上來看，國會全面改選的確為臺獨鋪了路，但也不能說朱高正的看法就錯了，因為如果國會沒有全面改選，臺灣可能爆發全面的社會動亂、武裝暴動甚或軍事政變。那不是退回戒嚴軍事統治，就可能是國民黨政府土崩瓦解；而後者更可能導致中共進犯，或海外臺獨革命團體返臺。反之，正由於在臺灣實施了國會全面改選，實現了民主化，使和平改革成為可能，也才增加了今天與大陸談判的籌碼，也使得兩岸的談判不再只是國共之間的事，而是全中國人民的事。

「衝兩步，退一步」的策略

在八七年初，負責任的政治人物都能清楚地意識到，臺灣正處在進退維谷的兩難狀態之中，思索如何而後能用非暴力的手段，完成幾乎只能用暴力革命才能完成的政治改造工程。「衝兩步，退一步」就是那時民進黨立法院黨團所採行的策略。首先要尋找適當的議題（例如國民黨政府編列總預算時，教科文經費未達憲法第一百六十四條所規定的下限百分之十五），再以無比的勇氣衝撞國民黨的體制，在國民黨以為即將失守時，主動退讓一步，頓住，確保戰果。過去黨外時期與國民黨抗爭一直停留在「進一步，退一步」的水平，弄了半天仍然在原地踏步。因為向來當權者絕不肯輕易退讓，當在野黨提出要求時，當權者縱認為有理，也會認為只要讓一步，對方必定會得寸進尺。因此只要一步退，今後必得步步退，由是導出結論，不得讓步，否則退此一步，即無死所。因此，過去黨外進一步，國民黨就硬堵一步回去，一進一退，只能原地踏步。今則不然，當民進黨立法院黨團衝兩步上來時，理由是那麼充分，難以抵擋，而在國民黨即將失守之際，民進黨卻又主動退讓。這時國民黨就會抱著少輸為贏的心理，接受改革的主張。如是反覆再三，與其老是弄得那麼僵，搞得那麼難看，乾脆決定，只要在野黨提的要求有道理，就儘快採行，反可得個開明的美名。臺灣的改革就是如此開動的。

也許由於民進黨立法院黨團表現太傑出了，出盡鋒頭，引領風潮，在國會全面改選訴求隱然獲勝之際，民進黨內部的路線鬥爭也已登場。黨外時期，公政會系統偏向議會路線，編聯會系統主張群眾路線。自民進黨成立後，由於立法院已成為與國民黨交鋒的主戰場，立法院黨團不僅主導議會路線，甚至連大規模的示威遊行也多由立法院黨團主導。原編聯會系統正苦思對策突破困境。就在國會全面改選已廣獲臺灣社會支持之際，原編聯會會員江蓋世就以苦行僧的姿態到處靜坐，訴求「有主張臺灣獨立言論的自由」，引人側目，而蔡有全、許曹德兩人則因公然主張臺獨，遭國民黨政府收押。八七年底民進黨召開全國黨員代表大會時，原編聯會會員鄭南榕串通會場工作人員，進入會場散發鼓吹臺獨言論的書籍。由於鄭南榕當時並非民進黨黨員，更非出席的黨代表，朱高正向大會主席臺提會議詢問，「在本黨全國黨代表大會期間，是否任何人，甚至與本黨無關人士，均可到場散發文宣資料？」後來經主席團裁決，制止鄭南榕散發資料，並查究失職場務工作人員。孰知鄭南榕竟然利用朱高正在會場閱讀議事資料之際，偷襲朱高正，致遭其他與會代表圍毆而被抬出會場，嗣後主席團在會上向朱高正公開道歉。自此兩條路線的鬥爭浮上檯面。

當時民進黨內除朱高正外，少有人敢公開主張「要民主，不要臺獨」。朱高正一再強調臺獨只是民進黨黨綱住民自決的選項之一而已，絕非唯一的選項。況且臺獨主張將會予中共攻臺的藉口，不符臺灣同胞的利益。但朱高正卻遭到臺獨狂熱分子的攻擊，認為朱高正替中共在嚇唬臺灣人，臺灣人不是被嚇大的，甚至有人主張要成立「臺灣人民反抗軍」來對抗中國人民解放軍。但這畢竟是少數極端分子的想法，不能代表社會的主流思想。值得注意的倒是，以新潮流系為主的臺獨運動巧妙地運用臺灣人的悲情意識，結合政治受難者聯誼會以及長期流亡海外的異議人士，終於在九一年民進黨六全大會時，將臺獨主張列入黨綱。但臺獨黨綱也使得民進黨在九一年的二屆國代選舉與九二年的二屆立委選舉的得票率雙雙跌至百分之二十四。

臺獨訴求在文化史上的根源

美麗島事件導致大批黨外菁英身陷囹圄，再加上二二八林義雄家滅門慘案，在在觸動臺灣同胞深埋內心的憤怒與恐懼。四七年的二二八事件，由於國民黨政府接收官員的貪污腐敗，引發群眾事件，其結果是數以千人命喪槍下。隨之而來的清鄉，與四九年五月的宣布戒嚴，在在使人對這個「國民黨外來政權」深惡痛絕。國民黨在臺灣所採行的「反共愛國」教育，無非是極盡所能，詆毀社會主義、共產主義。完全無視社會主義自一九一七年十月革命以來一直是中國（包括臺灣）進步分子的理想，它至少是——與帝國主義結合在一起的——資本主義之外的另一種選擇。即使早在民國肇建以前，流亡在日本的保皇黨與革命黨對社會主義思潮也多持肯定的態度，在其宣傳刊物中定期予以介紹。否則，哪有後來的聯俄容共與國共合作？至於其所謂「愛國」教育，充其量是教育民眾要愛國民黨，而非愛中國。對於中國傳統文化的教育流於呆板、片面，且無法與現代社會的需求密切結合，這從大多數的知識分子——包括學文史的，尤其以學西洋文史者為然——基本上瞧不起中國傳統文化，可知一二。如果連學文史的知識分子對中國傳統文化也評價不高，那如何期待他們以身為中國人而自豪？又怎能奢望一般國民有強烈的中國文化主體意識？而這種態度卻又與中國自鴉片戰爭以來，頻遭列強欺凌有關。而欺凌中國最甚，且最令人扼腕的，莫過於日本。日本受中國文化影響甚深，早自唐太宗貞觀四年（公元六三〇年）起，日本即多次派「遣唐使」前來中國，極力仿效唐代文物典章制度。在德川幕府期間，由於水戶學派的關係，朱子學成為日本的主流思想。即使在明治維新前後，陽明學也是維新志士的精神泉源。後來由於日本一心「脫亞入歐」，全力引進西方文明，終能稱霸東亞。鴉片戰爭對中國「天朝上國」的衝擊可謂空前，但甲午戰敗對中國而言，無異是奇恥大辱。而偏偏臺灣就因此而割讓給日本。在日本統治之下，日本人當然不會強調過去從中國吸取多少文化的養料，反而是以貶低「支那」來抬高「大日本帝國」。臺灣同胞，尤其是受日本教育愈多的知識分子，在不知不覺中就接受了這種價值觀，瞧不起中國文化，而自以受日本教育、擁有「日本精神」為榮。這種心態迄今仍普遍存在於七、八十歲以上的臺灣知識分子當中，李登輝、辜寬敏者流只不過是其中的代表而已。有些人即使到二戰末期日本投降前夕，仍深信日本必勝，雖然那時美軍已開始對臺灣本島展開轟炸了。二戰之後，日本無條件投降，美軍進駐日本，戰犯東條英機等人在東京接受大審，才使這些人沈寂了好一陣子。然而自六十年代末日本經濟起飛，逐漸成為世界上舉足輕重的經濟大國，這些人又開始活躍起來了，儼然一副「大日本帝國」子民的姿態，也難怪裕仁一死，李登輝難過得如喪考妣。臺灣知識分子這種心態莫說李光耀難以理解，就是對同為日本統治過的韓國人而言，也是匪夷所思的事。戰前日本軍國主義極端反共的意識形態為戰後的右翼政團所繼承，這也就難怪在臺灣繼續醱酵：反共再加上瞧不起中國人、中國文化。這些因素再加上二二八事件、白色恐怖、美麗島事件的影響，對臺灣同胞而言，「祖國」就漸行漸遠，終致想尋求在臺灣建立自己的國家，這種反國民黨的悲情意識在解嚴後就日漸浮現。八七年十一月開放赴大陸探親之後，兩岸人民生活水平的落差坐實了國民黨的反共宣傳，而共產黨的一黨專政與三不五時的武力恫嚇，更助長了臺灣同胞不願接受中共統治的決心。而國共內戰期間在美國醞釀的「臺灣地位未定論」，促使五二年中日和約對臺灣問題交代語焉不詳，對臺獨人士更是一種鼓舞。這些內外因素陳陳相因，以致予政治受難者聯誼會與新潮流以可乘之機，使臺灣在民主化過程中，與本土化糾葛不清，終而被導向「獨立建國」的歧途上。

「土獨」與「洋獨」

在獨派陣營裡，有「土獨」、「洋獨」之分，而「洋獨」又有東洋臺獨、西洋臺獨之分。「土獨」是指在臺灣島內從事臺獨運動人士而言，「洋獨」則指在海外從事臺獨運動的人士。由於二二八事件之後，國民黨政府在臺灣實施高壓統治，土獨沒有立足的空間，流亡海外。先是廖文毅於二二八事件後出逃香港，與原臺共領袖謝雪紅合作，於四八年八月創立「臺灣再解放同盟」，反對國民黨政府，主張臺灣高度自治。五〇年廖文毅前往日本，在京都創立「臺灣民主獨立黨」，並於五六年元月成立「臺灣共和國臨時政府」。後以臺獨無望，於六五年五月被國民黨策反成功，返臺定居。六十年代末隨著臺灣青年學生前往美國留學的人數增多，海外臺獨的重心始由日本移往美國，七〇年臺獨聯盟在美國成立。由於七一年中華民國退出聯合國，七八年復與美國斷交，臺灣同鄉會乃創立於歐洲，卻在美國地區迅速發展。臺灣政壇知名人士，諸如彭明敏、郭雨新、許信良等人也相繼流亡美國。由於海外資源有限，而臺獨聯盟又自以為領袖群倫，因此與臺灣流亡海外的知名人士時生衝突。唯獨許信良政治嗅覺最為敏銳，在民進黨成立之前，即已在美國成立「臺灣民主黨籌委會」，準備「遷黨回臺」，及至民進黨成立之後，則宣布「返臺入黨」。平心而論，流亡海外的政治人物或團體，若不能與臺灣局勢的發展密切掛勾，將迅速被邊緣化，乃不爭之事實。美國臺獨聯盟之所以要常常派人返臺張貼臺獨標語或書寫其他所謂「反動文字」，以做為在海外募款之張本，也正為證明其在臺灣有活動能力的緣故。隨著許信良返臺闖關成功之後，九十年代，海外異議分子紛紛回臺，諸如郭培宏、蔡同榮、李應元、彭明敏、張燦鍙等人。而彭明敏則以其獨有的清望，於九六年代表民進黨角逐總統選舉。在有心人士湊合之下許信良與新潮流建立聯盟關係，致使許信良能兩度出任民進黨黨主席，同時也使臺獨主張成為民進黨的黨綱。這也意謂著——以新潮流為代表的——「土獨」有高度的自主性，「洋獨」返臺之後，只有融入民進黨之內才有發展的空間。這也透露出一個微妙的訊息：在感性的層次上，民主對臺獨運動起了煽風點火的作用，然而在理性的層次上，也只有民主才能化解臺獨的情結。

五、在歷史大脈絡下的兩岸關係

吾人認識事物，大多由表象而漸及於本質，由部分而漸及於全體。表象一般而言是雜多而偶然，部分則是片面而破碎。對於一個生長在亞熱帶的人而言，在冬天只要看到太陽出來，就知道外面天氣暖和；怎能想像在寒帶地區的冬天，室外就算是艷陽高照，卻可能是零下四十攝氏度的低溫。常識往往是經驗的積累，但帶有很強的偶然性與局限性。要克服常識的這種「井底之蛙」的毛病，只能借助於「整體思維方式」，運用理性對經驗予以加工，才能將「常識」提升為「知識」，從而賦與它必然性與普遍性。而必然性（Notwendigkeit）與普遍性（Allgemeinheit）在《純粹理性批判》一書中被康德稱為「知識」的兩個「認識特徵」（Kennzeichen）。所謂整體乃是揚棄「部分」與「全體」對立之後的統一體。「部分」乃瞬間的「全體」，「全體」則是長時段的「部分」，「部分」與「全體」是相對、而非絕對的區別。缺乏對全體的觀照所瞭解到的部分是片面的，同樣，缺少對部分深入的認識所瞭解到的全體也是虛妄不實的。吾人對客觀世界的認識正是建立在一連串「部分－全體－部分－全體……」的永無止境辯證超越之上。「部分」與「全體」都是經驗概念，惟有揚棄「部分」與「全體」對立的統一體——「整體」——才是理性概念（亦稱「理念」）。

經驗概念只能對特定的時空有效，而理性概念則不存在於特定的時空，卻對一切發生在時空中的現象起一種規制的作用。譬如經驗概念的國家，是指某一特定時空的國家型態，它可能是原始社會的氏族聯合或部落，也可能是城邦或帝國，也可能是民族國家或主權國家，將來可能是類似歐盟的國家聯合體，甚或出現世界國或銀河系聯邦。套用馬克斯主義的說法，則是人類社會經由原始共產社會、奴隸主國家，進化到封建國家、資本主義國家，最後則是進入無階級、無壓迫的共產主義社會。但這些特定的國家型態只能在特定時空條件下才有效，理性概念的國家則不同，它要求「國家是一群人生活在法權規範下的共同體」。理性概念的國家也可稱為「國家理念」（Staatsidee），它對經驗概念的國家起一種規制的作用：即經驗概念的國家要不斷朝「國家理念」自我完善，否則其存在則難以恆久維繫。而將兩個或兩個以上的概念結合起來稱為判斷，經驗概念要受到理性概念的規制，同樣地，經驗判斷也要接受理性判斷的規制。理性判斷又被康德稱為「範疇」（Kategorie）。在《純粹理性批判》中，康德列出十二範疇表，也就是以質、量、關係、樣態四個標準來分類：「質」分為肯定、否定、限定，「量」分為一、多、全，「關係」分為本質—屬性、因果、共在，「樣態」分為概然、實然、必然。康德認為任何經驗判斷都不能離開這個範疇表的規制，譬如：「二二八事件可能導致臺灣民眾對祖國失望」，這是一個肯定的、單一的、因果的、概然的經驗判斷，旨在說明「二二八事件」與「臺灣民眾對祖國失望」的關係。至於「臺灣民眾對祖國失望」則又是另外一個判斷。

從另一個高度看二二八事件

由於「部分」乃瞬間的「全體」，而「全體」又是長時段的「部分」。以二二八事件為例，若隔離外在因素，只就四七年二月二十八日發生在臺灣島上的政治事件來看，二二八事件本身就是個「全體」。在這個「全體」中，我們看到——組成這個「全體」的——許多「部分」，諸如二十七日取締私煙的員警執法過當、誤傷人命，引起群情激憤，以致失控，由於民眾對國民黨接收官員貪污腐敗早就心懷忿恨，因此動亂迅速蔓延，行政長官陳儀認為臺民叛變，乃央求中央派兵鎮壓，造成大量民眾死傷，許多士紳被捕遇害。整個二二八事件延續兩個多星期，直到三月十六日才漸告平息。從這個「全體」，我們極易推論，臺灣光復才一年四個月，國民政府貪污腐化，非但不自加檢點，反而派兵鎮壓，臺灣與其讓國民黨政府統治，不如「高度自治」或像楊肇嘉一樣，乾脆主張獨立算了。但如果我們把二二八事件放在整個中國的大場景來看，也就是以國共內戰戰火已經點燃，那二二八事件就變成——以內戰中的中國為「全體」中的——一個「部分」罷了。那時豈止臺灣發生二二八事件而已，全中國發生類似的全省性動亂至少十次以上。早在四六年十一月底上海也發生警察因取締攤販不當，造成暴動，警察機關被燒燬，動亂持續三星期以上。同年十二月二十四日北京大學女生沈崇疑遭美軍強姦，也引發了持續三個月之久的全國性反美帝示威，要求美軍滾出中國。之所以如此，其實與抗戰勝利以後，國共雙方為了受降、接收淪陷區而齟齬有關。日本投降後，重慶當局的立場是接收由國民黨政府統籌，原則上是由國軍接收，或是由偽軍就近代為接收，不得已時就仍由日軍暫為代管。這當然引起共軍不滿，因抗戰後期，在敵後打游擊戰的主力是共軍。焉有勝利了，國軍接收不了，不由共軍就近接收，反而委由漢奸政權屬下的偽軍代為接收，甚至由已投降的敵軍繼續代管之理？這種心情與在日本統治下的臺籍知識分子毋寧是一樣的。

在日據時代，臺灣人是二等國民，書讀得再好，也不能當上主管。好不容易，日本戰敗，終可揚眉吐氣，誰知國民黨政府除了把日籍臺灣總督押赴南京以外，臺灣一切仍是日人代管。國共雙方當初就為了接收淪陷區而頻生軍事衝突。當時國民黨政府的接收官員以一副勝利者的姿態君臨淪陷區，更是讓淪陷區的百姓寒心。如果我們把臺灣光復後流行民間的歌謠稍加調整，那可真是兩岸一樣情：「抗戰（原為轟炸）時驚天動地，勝利（原為光復）時歡天喜地，接收時花天酒地，政治是昏天黑地，百姓則呼天搶地。」當時淪陷區與臺灣一樣，由於接收官員的巧取豪奪，物價飛漲。以美聯社發自上海的報導為例，法幣一百元在四〇年還可買到一頭豬，四三年一隻雞，四五年一條魚，四六年只值一顆雞蛋，到四七年則只能買到三分之一小盒火柴。日本剛投降時，偽幣二十五元兌換法幣一元，勝利後，財政部長宋子文規定偽幣二百元兌換法幣一元，這無異是公然掠奪淪陷區民眾的財產。在這種情況下，也就難怪一風吹草動，就會群情激憤，而一發不可收拾了。由抗戰勝利後的中國這個大場景（「全體」）來看二二八事件（「部分」）就看得更清楚了。而臺灣當時有些士紳因而主張「高度自治」，甚或「獨立」，從這個高度來看，也就未免顯得情緒化了。試問那不就意味著，只由於國民黨政府接收官員的顢頇無能，淪陷區（甚或大後方）也就可各自搞「高度自治」或「獨立」了?答案是，正因為國民黨的貪腐無能，處處仰賴美國人的鼻息，才會在國共內戰中頻頻失利，終而落得渡海來臺的下場。

不同的地域、不同的時代有不同的世界圖像

如果我們更進一步把四七年的中國放在近四百年世界史的脈絡中來看，則中國在此又成為「部分」，而近四百年的世界史則成為「全體」。如果我們對近四百年的世界史缺乏全面的觀照，那就無法對當代中國有客觀的瞭解；反之，如果我們對當代中國缺乏深入的認識，那麼對近四百年世界史的瞭解就很難說是全面的。「世界」是個典型的經驗概念，它隨著人們生產工具的發展與各民族間日益頻仍的交往而擴大，不同的時代就有不同的世界圖像。生產工具如車、船的發明，以致羅盤與蒸汽機運用在航海上，大大縮短各民族的距離，而民族間的交往則多經由通商或征戰。

中國文化發源於黃河與長江中、下游，約八千年前已有聚落出現。四、五千年前已經出現統一中原的黃帝，而伏羲則是比黃帝要早得多的傳說中的帝王，號稱「人文始祖」。在四千年前世襲的夏王朝建立，隨後由商王朝取而代之。到三

千一百年前，文王之子武王伐紂，建立周王朝。《周易》，或稱《易經》，就是成書於商末周初的經典。公元前七七〇年，周平王將都城東遷，是為春秋時代，三百多年後進入戰國時代。自秦始皇在公元前二二一年併滅六國，統一天下以來，對中國人而言，世界就是天下，天下就是世界。萬里長城將中國與北方的游牧民族隔開，在始皇帝統治之下，書同文、車同軌，度量衡也採用同一標準，中國是世界的中心，中國以外則是蠻夷之地。秦末天下大亂，北方的匈奴坐大，時擾邊關。因此，漢朝自武帝（西元前二世紀）開始征討匈奴，經營西域，致匈奴西竄，導致後來歐洲民族大遷移。東漢和帝命竇憲討伐匈奴，南匈奴投降內附，北匈奴則西遁「不知所之」，越兩百年竄抵歐洲，迫使日耳曼人南移，導致西羅馬帝國覆亡。三國時期以來，六朝（吳、東晉、宋、齊、梁、陳）大力經營江南三百餘年，使得中國的經濟重心逐漸南移。而佛教則在東漢即已傳入中國，盛行於隋唐。唐太宗貞觀年間（西元七世紀）玄奘遠赴天竺（即今之印度）求經，回國後埋首翻譯佛經，奠定漢傳佛教的基礎，並撰著《大唐西域記》，對西域各地風俗民情多有介紹。唯天竺與中國交通阻隔，雙方交往困難，不若吐蕃（即今之西藏）與印度交流之密切。而此時基督教與回教也經由中亞傳入中國。當時在中國北方的突厥人為唐國所敗，向西逃竄，兩百年後抵達近東，接受了回教，而取代了原有的回教帝國。十三世紀值南宋中葉，成吉思汗在漠北崛起，統一蒙古各部族，滅西夏之後，率軍西征。其子孫窩闊臺汗與忽必烈汗又滅金及南宋，並向西征討，直抵東歐，建立橫跨歐亞兩洲之大帝國，掩有東歐、中亞、印度與中國。明朝時，鄭和七度下西洋，歷時二十八年，足跡遍及東南亞的爪哇、蘇門答臘、錫南、印度西海岸、波斯灣、阿拉伯的麥加，甚至遠抵東非的木骨都束（Mogudiscio）即今之索馬利亞的摩加迪休，這已經是十五世紀初的事了。鄭和本為雲南昆陽回族馬氏，後經明成祖賜姓鄭，因此回教就隨著鄭和的艦隊傳播到東南亞各地，華人大量移居東南亞也自鄭和開始。東南亞華僑後來對中國革命出力甚多，而今仍對東南亞地區的經濟頗有影響。明朝中葉以後，由於倭寇不斷襲擾東南沿海，後雖經戚繼光、俞大猷平定，但頒行海禁。一四九八年達珈瑪繞過南非好望角，打開通往東方的航道，一五一四年葡萄牙商船抵達中國南方，開啟了中國與基督教世界的交往。在此之前，與中國交往的地區，不論是北方的匈奴、鮮卑、突厥、契丹、女真、蒙古與滿族，西方的西域、吐蕃、天竺，東方的高麗、日本、琉球，還是南方的越南、中南半島以及東南亞地區，可說除了印度傳來的佛教以外，文化水平皆不及中國，大多數是中國的藩屬。就算匈奴、鮮卑、氐族、契丹、女真、蒙古與滿族曾先後在中原建立政權，但最後仍融合在中國文化的大家庭裡。

西方「世界中心」的遞變

西方文明並非源自歐洲，而是發源於非洲的埃及和近東兩河流域（即今之伊拉克）。埃及文明可推到公元前四千年以前，到公元前三千年已出現統一的國家。兩河流域則在公元前兩千年前出現巴比倫帝國，爾後常沿著地中海沿岸的走廊與埃及發生爭戰。公元前五五三年在兩河流域以東的伊朗高原地帶波斯興起，先後佔領兩河流域及敘利亞，於公元前五二五年滅埃及，是為波斯帝國。在公元前五世紀初，波斯帝國兩次渡海進攻希臘，均敗師而返，希臘自此興起。隨著長年與波斯打戰，埃及與兩河流域的文化經由愛琴海傳播到希臘半島。然而由於半島上各個城邦不能團結，而於公元前三三八年為半島北方的小國馬其頓所征服。馬其頓國王菲力及其子亞歷山大大帝均有雄才大略，團結希臘人，組成希臘聯邦，出兵征討波斯。亞歷山大大帝於公元前三三三年擊敗波斯，佔領敘利亞，接收埃及，並攻進伊朗高原，抵印度河。希臘文化就在公元前四世紀，隨著亞歷山大大帝的足跡向東傳播。亞歷山大大帝於公元前三二三年病逝，帝國分裂為三，百餘年後為新興的羅馬所征服。羅馬本為義大利半島上的城邦，漸漸發展，於公元前二〇二年第二次與迦太基戰爭取得決定性勝利，羅馬帝國才開始向外發展，四處開疆闢土，掩有地中海沿岸的歐、亞、非領土。公元前一世紀，凱撒征服了高盧的野蠻人（即今之法國），帝國的北疆就以萊茵河、多瑙河和日耳曼蠻人為界，東邊則與波斯為鄰。公元四世紀，帝國為了防範波斯，重心東移，形成東西羅馬分治的局面，而基督教則成為羅馬帝國的國教。公元四七六年羅馬城為日耳曼蠻人所攻佔，西羅馬帝國覆亡，自此西歐進入四分五裂、小國林立的「黑暗時代」。而東羅馬帝國則與波斯陷入長期的毀滅性戰爭，雙方都日趨貧弱。在伊朗高原的波斯曾一度為亞歷山大大帝所征服，但公元前一七〇年又從希臘人統治下崛起。羅馬帝國佔領敘利亞與兩河流域之後，多次想征服波斯，但都功敗垂成。東羅馬帝國與波斯之間長期的消耗戰，這給七世紀初崛起的阿拉伯絕佳的機會，當時波斯為阿拉伯帝國所滅，而東羅馬帝國則喪失在北非的統治權。八世紀回教帝國內部分裂。兩百多年後，即十一世紀初，塞爾柱突厥人滅了巴格達的回教帝國，擊敗東羅馬的軍隊，威脅君士坦丁堡，東羅馬皇帝遂向羅馬教皇求援。

其實，基督教會剛於公元一〇四五年正式決裂為二：東部教會由君士坦丁堡大主教領導，稱為東正教；西部教會由羅馬城大主教領導，稱為天主教。東正教用希臘語祈禱，主要向斯拉夫人傳教；天主教用拉丁語祈禱，主要向日耳曼人傳教。東正教的各地大主教由東羅馬帝國皇帝任免；天主教的羅馬城大主教稱為教皇，有任命各地主教的權力。當教皇接到東羅馬帝國皇帝求援時，就從一〇九五年發動了四次十字軍東征，與回教徒爭戰百餘年，直至蒙古人西征時，才緩和下來。但在蒙古人退出敘利亞之後，鄂圖曼土耳其帝國乘機崛起，終於在一四五三年滅了東羅馬帝國。在西歐自十一世紀以來，羅馬教皇手握權柄，遂行神權統治，西歐幾乎徹底基督教化，教會在各地所坐擁的教產往往數量可觀，由修道院培養出來的教士則任職於各個城邦、侯國。教皇對各個城邦的侯王握有廢立之權，這個狀況要到十五世紀由於東羅馬帝國淪亡，一批希臘學者由君士坦丁堡逃亡義大利，促成西歐的文藝復興，才逐漸發生變化。佛羅倫斯的馬基亞維利（Nicolas Machiavelli, 1469-1527），法國的柏丹（Jean Bodin, 1529-1596）以及英國的霍布士（Thomas Hobbes, 1588-1679）鼓吹鞏固王權，因而擺脫教廷影響的世俗專制王權日漸興起。與此同時，在馬丁路德（Martin Luther, 1483-1546）、英王亨利八世與喀爾文（John Calvin, 1509-1544）等人倡導下，出現宗教改革，以各自方言翻譯《聖經》，德文、英文、法文《聖經》版本的問世，似乎也預告教皇大一統時代的結束，以及民族國家（nation state）的到來。一四五三年百年戰爭結束，促使英國與法國分道揚鑣。那也是大冒險、大航海的時代，西班牙王室熱心支持新航路的探尋。一四九二年哥倫布發現了新大陸，在此之前歐洲人只知道越過波斯，在遙遠的地方除了印度，還有中國。經由絲路，來自中國的瓷器、絲綢以及茶葉頗受歡迎。原東羅馬的領地，大概是今天白俄羅斯、烏克蘭、羅馬尼亞、保加利亞、希臘一線以東，本來信奉東正教，但自從蒙古大帝國沒落後，鄂圖曼土耳其帝國就取代了東羅馬帝國的地位。西亞、中亞、北非，甚至歐洲的巴爾幹半島都是回教的勢力範圍。由於鄂圖曼帝國的阻隔，西歐通往東方的陸路通道中斷，他們只能從《馬可波羅東遊記》中得知中國的繁榮富庶，因此尋找通往東方的航道就成為當時冒險的熱點。當達珈瑪在一四九八年繞過非洲最南端的好望角時，一個嶄新的世界圖像呈現出來了，西歐與世界各地的貿易（或掠奪）也開始了。對西方人而言，顯然「世界中心」是由小亞細亞，而希臘、而羅馬，沿著地中海而西移。對當時大多數的歐洲人而言，在他們皈依基督教以前，是野蠻無文的，因此就認為所有尚未皈依基督教的地區也是野蠻無文的。先前在非洲與美洲的探險經驗增強了這種信念，但與中國接觸後，則產生了巨大的震撼。

重啓中西文化交流

一五八五年龔薩雷茲（Juan González de Mendozas 生卒年不詳）蒐集西方傳教士與遠赴東方的歐洲商人有關中國的報導，編纂成書，已廣泛引起歐洲人的注意。當時由於明朝實施海禁，以及不懂中國語文，因而有關中國的報導大多局限於地理與風土人情，但卻已經不只一次提到孔子了。當時歐洲人對報導中所提及中國歷史的悠久，深感詫異。如果報導屬實的話，那中國歷史將比《聖經》中的〈創世紀〉更為久遠，這涉及世界起源的問題。須知，直到十八世紀末，歐洲人仍認為世界起源於耶穌誕生前四千年。因此，他們不相信中國歷史悠久的報導，直斥之為「童話」。倒是令他們訝異的是，何以中國古代沒有關於「大洪水」的歷史記載。因為依據聖經的記載，上帝後悔造人於地上，因此除了諾亞一家之外，要用大洪水「將所造的人和走獸、並昆蟲，以及空中的飛鳥，都從地上除滅」。這使得歐洲人懷疑大洪水可能只是地區性，而不是世界性的災難。這挑戰了聖經的權威性，也促成了十八世紀聖經考古學的研究熱潮。

在耶穌會教士華里納諾（Alessandro Valignano 生卒年不詳）的倡議下，他們決定要學習中文，研究中國的經典，不把中國當成無知的野蠻人來看待。其實中國文化對十七、八世紀歐洲的知識界到底有多深遠的影響，迄今尚未曾有人認真研究過。但是無論如何，由於與中國接觸，使得基督教世界的視野擴大了，甚或是爆炸了。有人乾脆用哥白尼的新發現，比喻中國對歐洲的衝擊。一五八三年，時當明朝末年義大利的傳教士利瑪竇（Matteo Ricci, 1552-1610）來到中國，一六〇一年到一六一〇年住在北京。他是個虔誠的耶穌會教士，也是個飽學之士，堪稱是歐洲第一個漢學家。利瑪竇對中國的瞭解影響深遠。他認為光從「中國是個古老而偉大的國家，擁有極其眾多而且愛好和平的人民」這一點，就足以令歐洲人驚訝和讚歎。歐洲各國不僅歷史短淺，國土面積狹小，政治上四分五裂，文字各不相同，與中國相較顯得貧窮，尤其那時歐洲各國還為了宗教改革而面臨大分裂。利瑪竇是透過朱熹的新儒學來瞭解中國的社會、國家體制與士大夫階層。時當明朝末年，朱熹的《四書集注》、《周易本義》乃是科舉應試的士子所必讀，朱子的學說深刻地影響中國人的思想、行為以及社會、國家體制。利瑪竇認為儒家思想在倫理道德、國家管理以及政治哲學上都非常傑出，值得歐洲人學習。利瑪竇指出，中國文化雖然由釋、儒、道三家交融而成，但他認為佛、道兩家無法對現世的社會及國家體制提出自己的主張。只有儒家可以為政治、行政、哲學、科學、教育體制與禮俗規範提供準繩，扮演類似「國教」的角色，使精神、文化生活與社會結構互為表裡、融為一體。尤其有關善惡學說，利瑪竇發現儒家思想並不借助於任何形式的「天啟」，而是直接訴諸人的理性。無論是公或私的領域，善意與善行都不是靠外在（法律或禮俗）或內在（神的賞罰）的強制，而是靠古聖今賢的典型來自我砥礪。因此對像利瑪竇這麼一個虔誠的基督教徒而言，也不得不同意這種學說，難怪他推崇孔子是古代最偉大的哲人之一。做為耶穌會的傳教士，利瑪竇認為在中國傳教不是在糾正錯誤的信仰，而是在肯定儒家思想的前提下，使儒家思想臻於完善。易言之，藉著基督教的「天啟」，給由人的理性論證出來的道德予以不可搖撼的支撐。中國與歐洲比，無疑是一個更美好的世界，就只欠宗教而已，他希望中國也能成為「上帝的國度」。至於中國人受到儒家學說的影響，祭孔或祭祖，利瑪竇認為這與宗教信仰無關。而且他也肯定中國的士大夫階層遠比歐洲的教授更具影響力，因此，他要求耶穌會傳教士著中國服飾（不穿神父的制服），並適應中國人的生活習慣，與中國的士大夫階層多交往。在他看來，服飾、生活習慣皆與宗教信仰無關，宗教信仰是內在的，不是外在的。由於他努力與歐洲知識界頻仍通訊介紹中國，並大量出版圖書資料，對當時歐洲影響頗大，尤其是法國。因為耶穌會教士中，法國人最多，而在十七世紀下半葉號稱「路易十四時代」，法國文化水平執歐洲的牛耳，而這時正是啟蒙運動的前夕。

耶穌會與利瑪竇對中西文化交流的貢獻

在利瑪竇的努力下，耶穌會在中國傳教得到空前的成功。到清康熙三年（一六六四年）受洗人數已經多達二十五萬七千人，教堂一百五十九座。但是從一六三〇年起，天主教的其他教派，道明會與方濟會也開始前來中國傳教。他們由於對中國文化瞭解有限，以正統自居，完全站在西方的立場，認為教徒不可以祭祖，並攻訐耶穌會教士不著神父制服，而著異教徒的服飾，因此，一狀告到梵諦岡。教皇多次派遣特使前往中國瞭解，終因歧見太大，而於一七一五年諭令禁止耶穌會在中國的傳教活動。在中國方面，康熙皇帝本已於一六九二年下詔容許各個教派自由傳教，而今耶穌會因容許教徒祭祖而遭教廷禁止在中國傳教。言下之意，日後信基督教者不得再祭祖，自古「百行孝為先」，無父則無君，是可忍，孰不可忍。幾經交涉，乃於雍正即位後，即一七二三年，下禁教諭。但是耶穌會教士則在中國仍一直擔任欽天監的職位，直到一八〇一年。

值得一提的是清聖祖康熙皇帝（在位期間一六六一——一七二二）在十七、八世紀之交，被他同時代的歐洲思想界推崇為世界史上最偉大的統治者。因為他領導著一個龐大而廉潔的官僚體系，要求達官顯貴都要為帝國與人民的福祉而工作。在他統治之下，中國的人口大量繁殖（一六五〇年約一億人，一八〇〇年則為兩億七千五百萬人），平定臺灣，並臣服蒙古與西藏。康熙皇帝是位典型的「哲王」，不僅使中國的學術、文化綻放出璀璨的花朵，也將道德原則提升到指導政治生活的規範。他不僅對中國的四書五經有精湛的造詣，對西洋的學術也充滿興趣，他本人也曾撰述《數理精蘊》一書。在一六八九年俄羅斯與中國邊界發生糾紛時，他也重用耶穌會教士參與調停，並協助以拉丁文起草「尼布楚條約」。一六九二年他更下詔准許各教派傳教自由，當時中國的基督教徒已逾三十萬人，這種治國的胸襟與氣度對當時為宗教戰爭所苦的歐洲毋寧是個楷模。

這就難怪萊布尼茲（Gottfried Wilhelm Leibniz, 1646-1716）於一六九九年其《中國近事》（Novissima Sinica）一書再版時，特別將康熙皇帝的畫像置於首頁。萊布尼茲是當時歐陸理性主義的代表，與英國的牛頓同時發明微積分，也是全世界最早發明計算機的人。他透過法國耶穌會傳教士白晉取得八八六十四卦方圓圖，研究之後，發現如果採用二進制的觀點來解析六十四卦，而以零代「陰」（⚋）、以一代「陽」（⚊），則坤（䷁）卦換算為十進制，其值為零（0×

$2^0+0\times2^1+0\times2^2+0\times2^3+0\times2^4+0\times2^5=0$），復（䷗）卦換算為十進制則為三十二（$0\times2^0+0\times2^1+0\times2^2+0\times2^3+0\times2^4+1\times2^5=32$），井（䷯）卦則為二十六（$0\times2^0+1\times2^1+0\times2^2+1\times2^3+1\times2^4+0\times2^5=26$）。易言之，坤到乾六十四卦，剛好為零到六十三，這與他發明的二進制可說是異曲同工。因此在一七〇三年他向英國皇家學院提交論文「關於僅用零或一兩個記號的二進制算術的說明並附有其效用及關於據此解釋中國古代伏羲圖之探討」。在天主教會為了中國傳教而發生禮儀爭議時，萊布尼茲是當時歐洲唯一支持耶穌會做法的哲學家。萊布尼茲自一六八九年即與在中國傳教的耶穌會經常通訊，到他去世為止，未曾中斷。他認為歐洲人應向中國人學習，尤其是在倫理道德與政治方面。在中國，政治為道德服務，一切的政治作為都要謀求公共福祉與個人幸福的增進。他對中國的興趣，並非為了研究陌生的世界，來滿足好奇心與求知慾，而是要為歐洲引進有益的理論與實踐。萊布尼茲強調，歐洲人和中國人一樣，也擁有理性，但是理性在中國卻起著巨大的作用。尤其在實踐哲學的領域，理性為中國帶來很大的進步。儒家學說對萊布尼茲而言，不僅正確，而且有用，尤其當人們考慮到歐洲在道德上墮落的時候。萊布尼茲甚至想從中國語文發展出哲學的世界語言，並提出世界公民的理想，他建議成立「世界科學院」（Welt-Akdemie der

Wissenschaften）來專責推動這個構想。他認為「普魯士學院」也應致力於使中國的知識對歐洲有所助益。

萊布尼茲與吳爾夫皆推崇中國文化

繼萊布尼茲之後，歐陸最主要的理性主義代表當推吳爾夫（Christian Wolff，1679-1754）。他是德國啟蒙運動的要角，提出歷史上第一份人權清單，是十八世紀上半葉歐洲最重要的哲學家之一。萊布尼茲的哲學經由他的努力，系統化而成為萊布尼茲－吳爾夫的理性主義哲學，而這正是康德批判哲學的出發點。吳爾夫著作等身，其「數學」、「物理學」、「形而上學」、「一般實踐哲學」、「自然法」、「倫理學」等拉丁文著作被當時歐陸各大學採用為教科書。吳爾夫中年以後，更將其主要著作一一譯成德文版，由於將哲學術語由拉丁文譯為德文，以致對日後德國哲學的發展影響至為深遠。吳爾夫與萊布尼茲一樣，對中國文化極為推崇。他曾擔任啟蒙運動的重鎮哈勒大學（Universitaet Halle）的校長，一七二一年七月十二日任期屆滿，在離職演說中，他提及其實踐哲學基本上與中國孔子的學說並無二致，引起軒然大波。因而於一七二三年吳爾夫被迫離開哈勒大學的教職。一七二六年他將離職演說稿整理為《關於中國人的實踐哲學的講話》（Oratio de sinarum philosophia practica）一書，並詳細附加二百一十六個注解，付梓出版。經過一番折騰之後，一七四○年吳爾夫光榮地重回哈勒大學。

事實上，早在一七一一年，吳爾夫就曾經為文介紹法國耶穌會教士諾爾（Francois Noel 生卒年不詳）翻譯，而於一七一一年出版的《六本中國經籍》（Sinensis imperii libri classici sex），即大學、中庸、論語、孟子、孝經與小學。諾爾是位傑出的幾何學家、數學家與天文學家。他曾為中國二十八個城市確定經、緯度，也為像爪哇或馬達加斯加等大島重新定過地理位置。諾爾翻譯的這六本經籍是以朱熹的注解為基礎，諾爾的譯本將儒家最重要的著作翻成拉丁文，對當時歐洲思想界而言，是很好的版本。而諾爾的譯本就成為吳爾夫瞭解中國文化最主要的依據。吳爾夫認為，儒家學說對中國文化與政治的影響，要比《聖經》對基督教世界的影響大。在一七一八年吳爾夫在其著作中即強調在一般實踐哲學的領域，其學說與中國的儒家學說若合符節。吳爾夫哲學的基本概念是「完善」（Vollkommenheit），而他依據諾爾的譯本得知孔子主張人有理性（Verstand），經由格物致知，可以分辨善惡，從而決定其意志（Wille）要好善惡惡。一切行為的目標乃在謀求自身行為與他人行為的完善，而「最高善」則是一切行為的終極目標，縱使它永遠也無法達到。而這不就是《大學》開宗明義所講的「大學之道，在明明德，在親民，在止於至善」嗎？

吳爾夫於一七二〇年出版的《德文版倫理學》（Deutsche Ethik）中，第一編就是「一般實踐哲學」，它綜論倫理學、經濟學與政治學等三門學科共通的基本原理。在此他表現出是個典型的理智主義者，主張正確的行為並非建立在意志決定之上（意志常常是任性的，不能用理性解釋），而是在「理性的洞見」（vernuenftige Einsicht）之上。惟有理性才能分辨善惡，從而成為決定行為的動機。他認為一切的惡行來自於無知、愚昧與錯誤。他說：「由於能洞見事物關係的是理性（Vernunft），因此理性也能辨別善惡，理性要求我們行善去惡」，「客觀上的善與惡的結果，可為人的理性所認知，因此，理性不需基督教的天啟，甚至不需任何宗教」，「理性乃自然律的大師」（見《德文版倫理學》第二十三節）。吳爾夫仿效後期經院學派的口吻說道：「就算沒有上帝，人的自由行為仍有善、有惡」（見上引書第五節），「就算是無神論者，也可以有正確的知見及行為」（見上引書第二十一節），「就算沒有上帝，自然律仍然有效」（見上引書第二十節），「藉著理性，人就是他自己的律則」（見上引書第二十四節）。在此，吳爾夫突出理性的重要性，這在久經神權統治的基督教世界，是件極不尋常的創舉。對吳爾夫而言，宗教在行為問題上並非不重要，只是不是最重要而已。儘管他與中國人在宗教信仰上有所區別，但這並不影響彼此對實踐哲學有相同的看法。因此吳爾夫提出「自由行為的一般規則」：「做那些使得你或他人之狀況能更完善的事；不要做使得這些更不完善的事」（見上引書第十二節）。一七二〇年七月十二日，吳爾夫接任哈勒大學的簡短就職演說中，又稱讚中國的國家學說在道德實踐上有較好的效果，中國人由於謹遵孔子的學說而使得中國和其他國家不同。一七二一年四月吳爾夫在其《德文版政治學》（Deutsche Politik）第一版前言中就提到，中國在統治藝術上超過其他各民族。在「德文版政治學」中，並沒有探討儒家的國家學說，但卻指出中國的「胎教」為小孩日後的健康與教育奠定良好的基礎，且認為「胎教」是極度理性（hoechst vernuenftig）的表現。

「關於中國人的實踐哲學的講話」

在一七二一年七月十二日的離職演說中，吳爾夫首先指出何以題目不是「孔子的實踐哲學」，而是「中國人的實踐哲學」。他說孔子並非中國哲學的創始人，在孔子之前已經有很多重要的哲學家，他們是古代的哲王，所謂孔子「言必稱堯舜」，「述而不作」。這些哲王自身都有很好的道德修為，足以為臣民的表率。孔子是誕生在禮崩樂壞的春秋晚期，他試圖將堯舜之道發揚光大，以拯救世道的衰微。孔子之於中國，猶如摩西之於猶太人，穆罕默德之於土耳其人，耶穌之於基督徒。然後就進入主題，他強調中國之所以有如此傑出的典章文物制度就因為運用理性（ratio）的緣故。吳爾夫將道德分為三個層級，以道德是建立在自然的力量、自然神學或天啟的真理之上而定。他認為中國人的道德是建立在自然的力量之上，因此，中國人的道德應屬最低層級。但「自然的力量」（Kraefte der Natur）足以分辨善惡，因此中國人據此足以行善去惡，其道德行為是建立在很好的理由之上。他介紹中國古代經籍中對於教育體制中有關小學和大學的區分，小學教育主要是經由對長上的敬畏來培養順從的道德，大學教育則是經由理性，探討事物之理，即窮理盡性，以培養獨立自主的道德，後者亦稱為君子之學。《大學》一書正是教人如何循序漸進，止於至善。理性的完善乃道德洞見與道德行為的前提。在此，吳爾夫特別提及中國人的「胎教」，也就是在女子懷孕時，以音樂或講述前言往行來達到教育胎兒的目的。在當時歐洲的自然科學也已證實，母親與胎兒之間存在著肉體與靈魂的聯繫。而中國早在耶穌出生以前，就已有「胎教」的習俗，這種理性的產前道德教育不得不令人佩服。在離職演說結束時，吳爾夫再次強調其實踐哲學與中國的儒家學說相一致。

吳爾夫這篇校長離職演說之所以重要，乃是因為其實踐哲學與基督教世界——以神學立論的——倫理學之差異，過去只是在其著作中以隱晦的方式表達而已，而今卻以公開的方式，向全校的教授與學生陳述。他是以儒家學說在中國社會的實踐，來否定以神學立論的道德哲學，因此顯得頗具說服力。沒有宗教的道德，在理論上不僅可能，它毋寧是一個既予的事實，它在中國人的倫理道德與國家生活中已被證實。它是純粹哲學的、非宗教的道德，中國人不應被視為一般的「無神論者」。在演說中，吳爾夫固然沒說在中國傳教是多餘的，但他也沒說是必要的。中國人並不因沒有宗教而讓人覺得惋惜，毋寧是正因為沒有宗教而仍有良好的道德風俗而令人讚歎，中國無疑是歐洲的楷模。非基督教世界的中國思維方式，由此看來，並非錯誤的根源，而是合於理性洞見的根源。吳爾夫的離職演說無疑是德國啟蒙運動的訊號：公然向教會天啟的權威挑戰，充分相信理性的自主能力。

從「中為洋用」到「師夷之長技以制夷」的轉變

除了利瑪竇及其耶穌會教士對中國的研究，以及萊布尼茲與吳爾夫等歐洲第一流哲學家對中國的推崇以外，在一六八五年荷蘭商人圈子則流傳出對中國的負面報導。事實上，一六〇二年荷蘭人在印尼成立東印度公司，一六二四年佔領臺灣以後，就想方設法企圖壟斷歐洲對中國的貿易。孰知一六六一年荷蘭人被中國的鄭成功打敗，退出臺灣，而一六八三年康熙皇帝又命施琅平定臺灣，荷蘭人眼看要壟斷中國市場已不可能，因此在一六八五年出版有關中國的報導中，怒斥中國人為「天生的騙子」。但這種看法對當時歐洲思想界的影響要遲至十八世紀中葉時，孟德斯鳩才對耶穌會所講述的「在中國理論與實踐一致」的觀點提出質疑。然而在十八世紀下半葉，康德的著作中，對中國仍多持肯定。到了十九世紀，由於歐洲工業革命在英、法、比、荷等國已基本上改變了社會生產關係，再加上一八四〇年英國為了出售鴉片而向中國發動了一場不名譽的戰爭，從而揭開了歐洲帝國主義侵略中國的序幕。自此，中國在歐洲的圖像有了一百八十度的大轉變。

值得吾人訝異的是，早在一五一四年葡萄牙的商船已抵達中國南方，而在這一百年前，鄭和下西洋時也已遠達非洲東岸，這意味著當時中國並非沒有遠程航海的實力與經驗，為什麼中國當時沒想到也繞過好望角，探訪一下未知的世界。在一六〇一年精通中文的耶穌會教士利瑪竇，已抵達北京，並與徐光啟、李之藻等士大夫過從甚密，他們曾將部分泰西名著譯成中文。但耶穌會教士能夠花上百年的功夫將中國的儒家經典詳加譯注，介紹給當時歐洲思想界，從而在啟蒙運動中，「中為洋用」，使沒有基督教會的中國一而再、再而三成為伏爾泰所引述的對象。耶穌會也對當時歐洲的第一流哲學家如萊布尼茲與吳爾夫提供中國的第一手材料，擴大了他們的視野。同時與歐洲接觸的日本，在十八、九世紀時蘭學（即由荷蘭引進的西學）已成為顯學，何以在中國知識界一直到洋務運動以前仍然看不到西學的蹤影。反觀中國在十九世紀初雖先有包世臣、龔自珍等人倡議改革，後有林則徐與魏源幫國人開拓視野，但也僅只於「師夷之長技以制夷」。必得等到十九世紀末，甲午戰敗後，嚴復才提出向西方學習的呼聲。即使如此，時隔一百年，已進入二十一世紀的今天，西學在中國仍難謂之為顯學。大概從一九四九年中共建政後到八十年代中，馬列主義在大陸算是顯學，但馬列主義並不足以全面代表西學，且當時馬列主義之所以成為顯學乃是官方的意識形態，而非學術界自主發展的結果。隨著改革開放，如今已非顯學。

在中國人的歷史經驗中，與中國來往的多為蠻夷之邦，因此當與基督教世界接觸時，仍然將洋人視為夷狄。中國長久以來以天朝上國自居，只要蠻夷不侵擾邊疆，向來多任其自生自滅，未曾想要征服蠻邦。十五、六世紀歐洲人為了尋找新航路，而開啟大航海的時代，以當時中國的人力、物力、造船技術而言均在洋人之上，只因缺乏誘因，再加上明朝晚期的海禁政策，使得中國人習於閉關自守，缺乏冒險進取的精神。當十八世紀歐洲對中國，尤其是中國的長處，相當瞭解的時候，中國人仍自以為是，對歷經啟蒙運動、工業革命、法國大革命洗禮而迅速崛起的泰西諸國仍懵然無知。這就難怪在鴉片戰爭英國人戳破了中國這隻紙老虎的假面具後，歐洲各國爭相投入搶食中國這塊肥肉的行列。而日本也在明治維新之後，利用朝鮮問題先向中國掠取臺灣。由於日、俄兩國緊鄰中國，因此對中國的危害也最為深遠。

中國近現代史的主旋律

事實上，清朝歷經康、雍、乾三朝一百三十餘年的太平盛世，人口從康熙登基前一億左右，增加到乾隆晚年已逾兩億五千萬，農田增加有限，而人口遽增如此，只要發生天災地變或官吏需索無度，就極易激發民變。而乾隆中期以後，志得意滿，好大喜功，揮霍無度，加以寵信權臣和珅，致其晚年吏治大壞。一七九六年湖北與四川的白蓮教之亂，旗幟上就書寫著「官逼民反」四大字相號召，自此以後各地民變時有所聞，此落彼起。鴉片戰爭之後，政府財政更加拮据，民生愈益凋弊，民變蠭起，太平天國、捻亂、回亂只不過是其犖犖大者。換言之，近現代中國一直面臨著內憂與外患的挑戰，如何養民、保民，使中國站起來，不再受列強的欺凌，可說是中國近現代史的主旋律。而中國自鴉片戰爭之後，歷經洋務運動、變法維新、辛亥革命、五四運動、聯俄容共、北伐、清黨、剿共、國共合作抗日、國共內戰，以迄今天的兩岸對峙。尤其一九四九年以後，臺灣與大陸分別為國、共統治，採行不同的政治、經濟、社會體制達五十年。如今由於臺灣實施民主化，國民黨於二〇〇〇年總統大選中失掉政權，改由主張「臺灣主權獨立」的民進黨執政，兩岸關係面臨劇變。這使得兩岸對峙原本是意識形態之爭（亦即採用哪種主義或治國方略可以使中國富強起來），一下子蛻變為統獨之爭（亦即臺灣當局想從中國分裂出去，不想過問中國內部事務）。

其實臺灣獨立運動只能視為中國歷史潮流中的漣漪而已，它既違反民族感情，也不符政治現實。之所以會有人主張臺灣獨立，乃是甲午戰爭之後，臺灣被割讓給日本統治五十一年，臺灣的知識菁英在日據時代受到日本教育的影響，接受其揚日抑中的價值觀，瞧不起所謂的「支那文化」、「支那人」。光復後，臺灣同胞目睹祖國部隊的邋遢模樣與「日本皇軍」的嚴整軍容一比，心裡已然有數。而後又將接收官員的操守與日本官員再一比，就坐實了日本的貶華言論。再加上二二八事件的衝擊，當時日本是戰敗國，自身難保，不可能才剛將臺灣歸還中國，又從中國手中接收臺灣，自然而然就有人寧可獨立，也不回歸祖國了。豈料此時大陸風雲變色，朝不保夕，美國為了其國家利益，不願臺灣落入與美國敵對勢力的手中，因此有人想翻開羅會議的案，提出所謂的「臺灣地位未定論」，這對臺獨運動顯有推波助瀾的作用。而四九年國民黨政府撤退到臺灣以後，施行白色恐怖，大肆整肅異己，忙著安頓那一百多萬隨它輾轉來臺的軍民，而把臺灣菁英摒除在權力核心之外，這在在都引起臺灣同胞深深的恐懼與憤恨。在八七年解嚴以後，隨著民主化的推展，本土化也成為一股沛然莫之能禦的巨浪，而戒嚴時期的反共、恐共教育則趁機醱酵。復以開放國人赴大陸探親，兩岸人民生活水平的落差又坐實了國民黨的反共宣傳，這更讓臺灣同胞對共產黨一黨專政不敢恭維了。

統獨問題並非斷言令式

然而嚴格地說，主張臺灣獨立的人畢竟是少數，而不願接受中共統治的人則為多數。前者當然包含在後者之內，然而後者常在不知不覺中被歸類為前者。這乃是因為自九五年下半年以來，中共不時向臺灣發出武力威脅的訊號，民眾受到刺激，常會有情緒性的反應，在此情形下，「不願接受中共統治」就等同於「不贊成統一」，從而依照「非統即獨」的邏輯，而被歸類為「贊成獨立」了。其實「不接受中共統治」與「不贊成統一」有很大的差別，而「不贊成統一」與「現在不贊成統一」也同樣有很大的差別。首先「不接受中共統治」乃是指中共實施一黨專政，沒有建立民主制衡機制，以致國家權力易被濫用，人民權益缺少保障而言。換句話說，如果中共開放黨禁，還政於民，建立民主制衡機制，那就可以贊成統一了。而「現在不贊成統一」乃是指兩岸在生活水平、思想、觀念、制度的差異還很大，若短期內強行統一，恐又要爆發另一次二二八事件。易言之，「現在不贊成統一」並非意味「將來也不贊成統一」。因此，「不願接受中共統治」與「現在不贊同統一」原則上是相通的，但都與「不贊成統一」或「贊成獨立」截然不同。而這也正是歷次民意調查主張維持現狀的比率居高不下的原因。

值得注意的是，「不願接受中共統治」與「現在不贊成統一」正凸顯了臺灣同胞的自主意識或公民意識，亦即不願胡裡胡塗地就被中共統一，而是向中共當局要什麼或不要什麼。除非中共當局採取或排除某些措施，否則統一就免談。這種「自主意識」（做自己的主人）或「公民意識」（是國家的公民，而非君王的臣民）乃是歐洲近現代化的原動力，也是中國未來的希望所在。顯而易見的，統獨問題並非斷言令式，而是假言令式，亦即不能將統獨問題當成是一種無條件的命題來處理，而是要審慎研究在什麼條件下，才可以談統一。臺灣當局不應該一廂情願主張「臺灣主權獨立」，而應集思廣益，籌謀在哪些條件下來與中共談判統一問題。

誠然在文革十年動亂期間，莫說臺灣同胞不願接受中共統治，連大多數的大陸同胞也不願接受中共統治，這從大量逃港難民以及跨界民族的人口流動即可證實。但從七八年中共十一屆三中全會實施改革開放以後，大陸的狀況出現重大轉折。原來所謂社會主義三大原則，即公有制、計畫經濟、按勞分配，已在改革開放後二十年脫胎換骨。八二年新憲法規定以計畫經濟為主，市場調節為輔；八八年第一次修憲，改為計畫與市場並軌；九三年第二次修憲，逕自改為「社會主義市場經濟體制」；而九九年第三次修憲則將其他兩條原則分別改為「以公有制為主，多種所有制共同發展」與「以按勞分配為主，多種分配形式共同存在」。在八七年臺灣當局開放大陸探親時，大陸仍使用糧票、油票、布票以及外匯券，計畫經濟的痕跡斑斑可見，但到九四年時已全部取消。以前大陸同胞投資是違法，因為違背按「勞」分配原則，但七八年以來三資企業蓬勃發展，外人、華僑、港澳地區及臺灣同胞都可在大陸合法投資，反而大陸同胞不行，毋寧怪哉，總算經過第三次修憲，大陸同胞也可以合法投資了。在九〇年時，個體戶仍躲躲藏藏，有如小偷一般，因為這違反公有制原則，如今民營企業已成為大陸經濟結構的重要組成部分。隨著改革開放，大陸同胞的衣、食、住、行、育、樂的形式與水平正快速與臺灣同胞接近當中。現在大陸欠缺的，首推政治體制的改革。如果臺灣同胞不健忘的話，當年臺灣也是經濟先起飛了，再從事政治改革。平心而論，在八五年時，臺灣的政治不見得比大陸多民主。那時臺灣地區國會尚未全面改選，而大陸則無論是全國人大還是全國政協都每五年換屆一次。當時臺灣省主席與北、高兩市市長是由行政院長直接派任，省市議會連行使同意權的份兒都沒有，而大陸則省（市）長每五年由省（市）人大會選舉產生。在九三年換屆選舉時，還發生甘肅、浙江、貴州三省共產黨提名的省長候選人落選的新聞。臺灣地區只有在地方自治方面做得比大陸好一點而已，但賄選、派系、黑道介入等問題也十分嚴重，然而兩岸基本上都是由國民黨或共產黨在操縱選舉。今天大陸隨著經濟發展所取得的成就，政治改革顯然已成為各方矚目的焦點，事實上早在八七年中共十三大時，趙紫陽即已提出政治改革方案，後來由於發生天安門事件而一再擱延下來。然而九九年大陸第三次修憲時，已將「建設社會主義法治國家」列入憲法第五條，這可視為大陸施行民主化的契機。我們臺灣同胞當年向國民黨要尊嚴、要求當家做主，我們又豈能低估大陸同胞在「衣食足」之後，向共產黨要尊嚴，要當家做主的決心。假使臺灣當局懂得大陸同胞這種心理，假使臺灣當局能揚棄「臺灣主權獨立」的主張，那麼在與中共談判的過程中，大陸同胞想講而不敢講的，由臺灣出面來講，大陸同胞想要而不敢要的，由臺灣出面來要，那臺灣將在兩岸談判上佔盡先機，化被動為主動。所謂「民可載舟，亦可覆舟」，臺灣當局切莫妄自菲薄才是。

再者臺灣與大陸在政治、經濟、社會體制上容有差異，但基本上這差異要遠比南韓與北朝鮮來得小。因為南韓長期以來一直仿效日本，採取扶植大工業的政策，其經濟、社會政策比臺灣要右。臺灣基本上是國營企業藉著特權壟斷，中小企業則任其自生自滅，各憑本事，這使得臺灣中小企業成為創造經濟奇蹟的功臣，也憑藉著其靈活性，使臺灣安然度過東南亞金融風暴。而北朝鮮到九九年為止仍一直堅守馬、列、金的教條主義，其經濟、社會政策比起改革開放後的大陸要左得多。更何況臺灣在解嚴後，由於民主化的關係，社會上弱勢族群的照顧漸受重視，社會福利支出比率迅速提高，使得原本站在資本主義陣營的臺灣在社會政策上日漸向左轉；而大陸在改革開放以後，其經濟政策則日漸向右轉，兩岸的社經政策顯然有逐漸匯合的趨勢。因此，兩岸雖然在意識形態與國家體制上差異仍大，短期內要找出一個能為兩岸所接受的統一方案容有困難，但這並不妨害兩岸就這方面找出一個共同架構，能為雙方在三十年後，甚至五十年後所接受，且該架構也能符合全球未來的走向。找出這個共同架構之後，兩岸政府就有責任在預定的期限內，將其現有的體制朝這個共同架構來調整。這個共同架構應該總結近現代歐洲自啟蒙運動以來，自由主義與社會主義的辯證發展，結合中國社會的實際狀況，並充分照顧兩岸的差異。這樣的統一談判才有意義，也才能為臺灣同胞所接受，也才可能為中國完成全方位的現代化做出貢獻。

六、近兩百年來自由主義與社會主義的辯證發展

近兩百年來的世界史，不管就政治、經濟、社會、或意識形態的角度來看，無非就是自由主義與社會主義這兩大思想流派的發展史。要了解近、現代社會，首先就要了解這兩大思想流派，以及它們彼此之間互動、辯證的關係。

兩大思潮皆以抗爭、批判的面貌出現

自由主義，英文 liberalism，其字根來自拉丁文的 libertas，原義是「沒有鐐銬或不在被奴役的狀態」。中古歐洲實施封建農奴制度，libertas 即是脫離主人控制而成為獨立自主的個體。在德文裡，對男士的敬稱是 Herr，今多譯為「先

生」，其實是「主人」的意思。既然從中世紀封建莊園制度的農奴狀態被解放出來，大家就成為自己的主人了。

因此，「自由主義」的發展，就其語意上來看，首先就是要砸碎鐐銬，脫離奴隸的狀態，是對既定封建體制的抗爭和批判。西方至少到十七世紀末以前，其社會結構是採取以權力原則為基礎的封建等級制，每一個人理論上都有他的「主人」：農奴聽命於地主，地主聽命於大莊園主，大莊園主聽命於國王，國王聽命於皇帝，皇帝由教皇加冕，教皇則在理論上是上帝的「奴僕」。最早的自由主義即在於打破這樣的鎖鏈關係，讓每個人脫離奴隸的狀態，讓個人成為其自身的主人。

早在古希臘時代，由哲學家芝諾（Zeno, 約 335-264B.C.）所開創的斯多葛學派就有尊重個體的主張，強調人有與生俱來的尊嚴，即使奴隸也不例外。斯多葛學派指出：奴隸和帝王一樣享有自由，因為奴隸可以選擇接受或拒絕主人所交付給他的工作，他永遠保有選擇的權利，縱使他必須在服從和被鞭打至死之間做一選擇。斯多葛學派最重大的貢獻是提出「自然法」（ius naturale）的概念，認為最高的立法者是自然本身，它必然合乎人性、合乎理性，是超越時空，是普遍而永恆的，一切實證法都應服膺自然法的指導。自然法的理念後來經由西塞羅

（Cicero, 106-43B.C.）的闡揚而成為羅馬法的一部分。

西塞羅認為每個人都有不可剝奪、不可讓渡的自然權利，法律與自由並不衝突，法律的一般性和確定性還可以成為自由的保障。為了確保自由，必須服從法律，而法官只是法律據以說話的代言者。對於個人自由和權利的保障，羅馬法在萬民法（ius gentium）的部分已有相當具體的規定。公元前二十七年，羅馬由共和政體轉為帝國，王權獲得伸張，而個人的自由權利則遭到壓抑。直到一五五九年西班牙薩拉曼卡學派（Salamanca School）的瓦斯蓋茲（Fernando Vasquez, 1512-1569）才將久被塵封的自然法思想從中世紀神學的附庸中解放出來，而開啟了近代世俗的自然法的先聲。其後，德國的亞圖西烏斯（Johannes Althusius, 1557-1638）經由對羅馬法的重新發現和研究，提出比較完整的人權理論。

從神權政治到絕對王權

自由主義的崛起與封建農奴制度受到新興工商階級的挑戰是分不開的。自從十五世紀末發現通往遠東的新航路以來，經營遠洋貿易可以獲取暴利，西歐沿海港埠遂出現許多富商巨賈。他們要求自由貿易，主張國內各城市間取消關卡，消除貿易障礙，並要求大幅降低關稅，以利商品流通。尤有甚者，自工業革命以來，新興工廠如雨後春筍般出現，極需大量廉價勞動力，工廠主遂要求自由契約，希望將農奴自封建采邑的土地上解放出來，為新興的工業注入新血。

十六世紀以降的歐洲，由於遠洋貿易的發展和工業的日愈興盛，以封建采邑為主的農奴制度逐漸鬆解，教會至高無上的支配地位也因宗教改革運動而日趨衰微。這時，新興工商階級為了廢除城市間各自為政的關稅壁壘、開拓海外市場、開採原料，在在需要強大的武力為後盾，因此，對國家統一的要求日殷。現代意義的民族國家於焉形成，以君王為核心的專制政權也因而成為時代的趨勢。馬基亞維利、柏丹和霍布斯等人的思想對這個趨勢起了推波助瀾的作用。

佛羅倫斯的馬基亞維利（Nicolas Machiavelli, 1469-1527）首先是站在君王的立場挑戰教會的權威。他指出政治的道德不同於宗教的道德，基督教所教導的價值不符合國家富強壯大的需求。對於王權和教權之間的矛盾，他在《君王論》一書中以一條通則予以概括：「凡是允許別人增強勢力者，即是對自己的毀滅。」他認為政治的德性是勇敢、大膽、靈活和適應的能力，而不是教會所宣揚的那些保守的、拘泥於傳統的道德觀。他說：「我相信最能取悅上帝的、最大的善行，是那些對自己的國家有利的行為。」這樣的主張在那個宗教信仰至高無上、教會組織凌駕一切的時代，無疑是相當驚世駭俗的。然而，馬基亞維利的理論已預告了往後「政教分離」的大趨勢。

法國的柏丹（Jean Bodin, 1529-1596）重在闡釋「主權」的概念。主權的法文是 souveraineté，源自 souverain，意為最高主宰。主權本來是神學上的用語，原意為自在的、絕對的、至高無上的權力，柏丹利用它來建立「君王主權」的學說。他認為沒有主權，就無所謂國家，就像沒有上帝，世界就不存在。上帝是自在的、絕對的、至高無上的，是宇宙的最高主宰；國王則是受到上帝的委託而成為主權的擁有者，是國家的最高主宰，在其統治範圍之內，擁有絕對的、不可分割的權力。國王全盤制訂法律，成為「合法的政府」，只要心中惦記著老百姓的福祉。「君王主權」是國家穩定、統一與和平的保證。柏丹的論點深受法王路易十四（在位期間一六四三－一七一五）的欣賞，有「太陽王」之稱的路易十四宣稱「國家即朕」，在位期間將「絕對王權」發揮得淋漓盡致。

英國的霍布斯（Thomas Hobbes, 1588-1679）則從「自然權利」的觀點出發，認為人性都是自私的，人只因為利益才會聚集在一起。人類社會的產生，並不是因為人與人之間彼此的善意，而是相互的恐懼。在「自然狀態」（status naturalis）之下，所有的人是處在「萬人對萬人戰爭」的狀態，每個人都可以恣意地主張自己的權利，結果是沒有一項權利可以確保。因此，為了維護個人生命、財產的安全，必須脫離「自然狀態」，進入「國家狀態」（status civilis）。也就是每個人相約放棄任意使用私人暴力的權利，共同建立一足以公平地保障每一個人權利的公共暴力，來仲裁是非，並貫徹公共正義的要求。這個公共暴力的載體就是國家，經由國家而確保了個人的權利。國家即是一切，國家擁有絕對權力（imperium absolutum），它是無數在自然狀態下被撕裂的個體相約放棄任意使用私人暴力的權利而組合的整體，個人完全置於國家的監護之下。

上述三位思想家的主張都凸出了國家和統治者的角色。早期的封建君王還必須受制於傳統的道德約束和教會的絕對權威，馬基亞維利則將政治的德性連同世俗的道德和基督教的價值觀區隔開來，而著重於統治者如何有利於國家富強的治術。柏丹認為國君在自己的統治範圍內，應扮演類似於上帝的角色。霍布斯強調國家做為仲裁者的地位，國家權力至高無上，服從於國家統治者是不二的律則。他們的思想深刻影響了歐洲的政局：民族國家的建立和絕對王權的擴張，在十七世紀的歐洲取得豐厚的土壤。在此同時，具有政治抗爭意義的自由主義也在同樣的土壤上滋長。因為，絕對的權力造成絕對的腐化，絕對王權難免走向專制暴虐的宿命。

公民意識的覺醒

沿襲了古希臘、羅馬城邦對「自由人」的定義，這時的自由主義表現在反對專制獨裁，爭取參與公共事務，也就是權利的覺醒。「公民意識」（citizenship）於焉形成。公民在英文是 citizen，法文是 citoyen，都是源自拉丁文的 civis，原義是「城民」，城民組合成 civitas，即是城邦。在中世紀資本主義發展的早期。「公民」在法文也稱 bourgeois，德文是 Buerger，這個字來自「城堡」（法文為 bourg，德文為 Burg）。城堡在中世紀時多屬封建采邑，是商販、手工業者和自由業者聚集之地，戰亂時則供農奴、貴族入內躲藏。商人為確保財產和人身安全，紛紛組成各種行會，以集體力量向貴族領主爭取權益。許多領主鑑於蓬勃發展的商業有助於其獲得經濟利益，遂紛紛頒布「特許狀」，以法規來保障城邦居民的權利。於是，如威尼斯、倫敦、巴黎、法蘭克福、萊比錫等商業發達的城邦逐漸成為半自治的政治實體，有自己的地方政府，自己的法庭，自己的稅收機構，擁有自己處理自己城邦事務的特權。

民族國家興起後，采邑變成國君屬地，又由於新航路發現，工商業勃興，尤以沿海港市特別發達。當時城市中各主要建築物已凸顯出功能和權力的分配：行政長官的官邸代表政治行政功能，教堂代表宗教信仰的功能，集市廣場代表經濟活動的功能。早在十五世紀文藝復興時，司法行政權、宗教權和經濟權的分辨，已在市民的意識中存在。

隨著資本的積累，新興工商階級影響力漸增，形成進步的力量。相對地，地主、貴族、教會等依靠收租維生的舊勢力則成為進步的障礙。新舊兩股勢力相互交鋒，關係日益緊張。新興工商階級反對關稅壁壘，要求「自由貿易」；工商業亟需勞動力，乃鼓吹農奴和佃農脫離地主的束縛，於是要求「自由契約」；為發展工商業又亟須聚累資本，反對教會、貴族的恣意搜刮，於是主張「財產權神聖」。

這些工商業主也就是後來所謂「資產階級」的主力。法文的「資產階級」是bourgeoisie，意即城市居民的後代。社會財富既逐漸掌握在資產階級手裡，他們要求參與政治的呼聲日愈高亢，公民意識隨之擴張。因此，在西方，公民意識其實是工業革命的歷史產物。

思想成為解放的武器

第一個以爭取權利為號召，反對君主專制的政治抗爭事件爆發於英國。一六二八年，英國上下兩院聯合向國王查理一世提出《權利請願書》（Petition of the Rights），要求任何自由人不能被任意逮捕和拘留，沒有議會的同意，即使國王也不能任意向人民徵稅。這一請願案導致查理一世解散國會，引發內戰（1642-1649），國王最後遭受處決。在此期間，以「失樂園」聞名於世的英國詩人約翰・米爾頓（John Milton, 1608-1674）於一六四四年發表《Areopagitica》（拉丁文，原意指高踞雅典山丘上的最高審判者），首度呼籲保障出版自由。

不過，英國的這場革命主要還是貴族和專制君主之間的權力競逐。真正以資產階級為主角，以自由主義的核心價值為號召的革命，應是一七八九年的法國大革命。

從十七世紀末到一七八九年法國大革命爆發，啟蒙運動瀰漫了整個歐洲，而這也是「自由主義」開花結果的時期。思想成為一種解放的武器。自由思想，使人從奴隸的狀態解放出來。

一七八九年的法國大革命，使思想變成行動，主張變成激情，激情擴散，整個歐洲因此發生翻天覆地的變化。法國是啟蒙運動的大本營，人文薈萃，百花齊放，大革命前重要的思想家，如孟德斯鳩（Montesquieu, 1689-1755）、伏爾泰（Voltaire, 1694-1778）、盧騷（Jean-Jacques Rousseau, 1712-1778）、狄德羅（Denis Diderot, 1713-1784）等人，對於當代的政治、經濟、社會、宗教都有相當深刻的批評，基本上他們都反對教會組織的勢力和宗教的教義。針貶無知和迷信，抨擊封建殘餘和貴族特權，要求當權者尊重個人的自由，尤其是思想自由和表達自由，主張法律之前人人平等。他們善於嘲諷、批判，普遍對現狀不滿，卻又充滿淑世改革的熱情。

法國國王路易十六於一七七四年即位，為了與英國爭奪殖民地和海上霸權，捲入北美獨立戰爭，耗費巨額軍資。加上王后瑪麗·安東尼奢華無度，宮廷開銷浩繁，法國財政瀕臨破產邊緣。路易十六為了挽救財務危機，腦筋動到享有免稅特權的第一、第二等級（教士、貴族）頭上。這兩個等級當然不願意放棄他們的免稅特權。眼看財稅改革無望的路易十六只好將希望寄託於代表新興工商業主和知識分子的第三等級，於是宣布召開已經停擺了一百七十五年的三級會議。於一七八九年春天舉行三級會議代表選舉，並將第三等級代表的名額增加一倍。

與「舊體制」澈底決裂

長期要求政治、社會改革的知識菁英藉此機會掀起輿論風潮。也有多位思想前衛的教士和貴族子弟自主投入第三等級代表的選舉，曾經是耶穌會教士卻又對傳統宗教抱持深刻懷疑的席耶斯（Emmanuel Joseph Sieyès, 1748-1836）就是一個相當有活力的代表性人物。他在三級會議選舉之際出版了三本政論小冊子：《論特權》抨擊封建特權結構；《法國議會代表應當擁有的執行工具》對代議制度的發展提出具體的規劃；《何謂第三等級？》則預見了教會和貴族勢力的沒落，以及新興政治勢力的崛起。席耶斯將「第三等級」等同於特權等級之外的全體國民，是「一個自由的、蓬勃強壯的整體」，他說：「自由不是建立在特權的基礎之上，而是建立在屬於所有人的權利的基礎之上。」這些以追求自由、廢除特權等級為號召的小冊子為他在議會運作中取得主導性的地位。

席耶斯順利在巴黎當選為第三等級代表，一七八九年六月十七日，由於反對三級會議的投票制度（每一等級只能有一票的表決權），席耶斯提議第三等級單獨舉行會議，並逕稱為「國民議會」（Assemblée nationale），迫使第一、第二等級代表也紛紛加入國民議會。七月九日，又在席耶斯、拉法耶特（La Fayette,

1757-1834，曾帶領法軍參與美國獨立戰爭）等人主導下，國民議會改名為制憲會議，隨即於七月十一日提出歷史性的《人權與公民權宣言》草案。七月十四日，做為王室威權象徵的巴士底獄被支持第三等級的巴黎民眾攻陷。在風起雲湧的革命浪潮之際，法國自此與「舊體制」（Ancien Régime）決裂。

法國大革命在自由主義的發展上具有標竿性的意義。首先，它宣告結束舊體制下的特權結構，工商業發展過程中形成的新興資產階級成為政治運作的主流。更重要的是，一七八九年八月二十六日正式在制憲會議通過《人權與公民權宣言》做為憲法的組成部分。這一宣言涵括了自十七世紀末以來啟蒙哲學、自然法思想與自由主義的重要主張。自由主義的核心價值第一次具體而扼要地以成文條例彰顯出來。這一宣言成為往後建構民主、自由政體無可規避的參考性原則。

將《人權與公民權宣言》做為制定憲法的指導性原則，事實上也體現出席耶斯等制憲派的「自然法」思想，認為有某些做為「人」的權利與法則是與生俱來的，是與人性不可分割的。席耶斯的創見之一是首度將權力區分為「制定憲法的權力」（pouvoir constituant）和「被憲法賦予的權力」（pouvoir constitué）。前者源自盧騷的「天賦人權」觀，是以「國民主權」取代「君王主權」，後者則來自孟德斯鳩「權力分立」的主張，據以規範政府的組織架構。法國大革命和啟蒙運動之間的繼受關係藉由這一篇宣言而確立下來。一七九一年的君主立憲憲法和一七九三年的第一共和憲法都理所當然地將《人權與公民權宣言》置於篇首，雖然其內容略有變動。

人權宣言體現自由主義的核心價值

一七八九年制憲議會所通過的人權宣言，包括前言和十七條條文。前言指出「對人權的無知、遺忘和忽視是造成公眾災難和政治腐敗的唯一原因」，人民應該牢記他們擁有「自然的、不可剝奪的、神聖的權利」。在條文中，第一條即規定「人生來即是而且始終是自由的。在權利上是平等的。」第二條明列基本人權：「這些權利就是自由、財產、安全和反抗壓迫。」

涉及權力機制的有「國民是所有主權的根源」（第三條）、「建立分權制度」（第十六條）。涉及法律方面的有「法律是公共意志的表現，在法律面前人人平等」（第六條）、「不准非法控告、逮捕和拘留，任何人在定罪之前應被推定為無罪」（第六、七、九條）、「公民有思想、言論、出版和宗教自由，但必須受法律約束」（第十一條）。涉及賦稅和財產問題的有「實行納稅平等」（第十三條）、「財產是神聖不可侵犯的權利」（第十七條）。

自由主義的核心價值幾乎都涵括在這些條文裡面。啟蒙運動以來重要的政治思想家，如法國的孟德斯鳩、盧騷、孔德塞、貢斯當，英國的洛克、亞當・斯密、邊沁、密勒，以及德國的康德等人，其主張都可以在上述的條文中找到具體的呼應。

宣言第一條不能說不是對盧騷《社會契約》中「人生而自由，卻又無時不在枷鎖之中」這一感嘆的回應。他主張「公民的集體同意是政權正當性的唯一來源」，這也反映在國民主權的條文當中。

孟德斯鳩在《法的精神》一書中提出分權的理論，「要防止濫用權力，就必須以權力約束權力。」美國是第一個以三權分立原則建構政治體制的國家，一般都將其原始構想歸功於孟德斯鳩。分權制度當然也是法國憲政設計的重點。孟德斯鳩有關立法原則的提法，如「無用的法律減損了必要法律的效力」、「當我們想改變習俗和習慣的時候，不應該透過法律來改變」等，都在提醒立法的節制和法律的侷限性。關於法律與自由的關係，他認為「自由即是從事法律所允許的一切行為的權利」，因此，兩者關係密切。在社會生活中，個人的自由只能由法律來保障，法律既約束被統治者，也約束統治者。他強調：「如果一個公民能夠做法律所禁止的事情，他就不再自由了，因為其他的人也同樣會有這個權利。」

孔德塞（Marquis de Condorcet, 1743-1794）是重農學派葛內（François Quesnay, 1694-1774）的門生。葛內私淑孔老夫子，曾說中國的政治是人類社會所存在的最理想的模式。孔德塞和席耶斯一樣，在大革命中都以犀利的政論小冊子介入政治。孔德塞是一七九三年第一共和憲法的主要起草人，他堅決主張以自然權利做為憲法的基礎，並對自然權利提出明確的界定：一、自然權利產生於自然，也產生於人，而不是產生於神。二、自然權利先於人為法而存在，不是由人為法創制出來的。三、自然權利是自然本來具有的，也是理性的人本來具有的，是永恆、堅韌、不變的，對一切人都是一樣，不論種族、膚色與性別。也因此，他是最早主張婦女參政、倡議男女平權的政治活動家和思想家。

自由主義和社會主義初始的對話

一七九三年元月，法王路易十六被送上斷頭台。六月，通過新憲法。與一七九一年憲法比較，除了君主立憲政體和共和政體的差異之外，主要的是取消了「積極公民」和「消極公民」的劃分（有一定財力的公民才享有投票權），代之以男性公民的普選權。此外還增列了革命權：「當政府侵犯人權時，對於人民來說，起義是最神聖的權利和最不可缺少的義務。」這一條文基本上回應了英國自由主義思想家洛克（John Locke, 1632-1704）的主張，洛克在一六八九年出版的兩卷《政府論》中，明確地指出：人生而平等，人不能未經本人同意即被置於任何形式的威權之下。他認為人有生存、自由和財產的自然權利。他也主張，濫權的君主事實上是置國家於戰爭狀態，人民有抵抗的權利，必要時，甚至可以使用暴力。他認為政府的權力實質上是一種委託權，一旦政府違反了授權時的契約，人民可以取消同意，撤回委託，推翻政府。這其實已是「革命權」的主張。

更重要的是，一七九三年憲法明確列入社會權和經濟權的條文。首先，做為憲法前言的《人權與公民權宣言》第一條改為「社會的目標是共同幸福」，第二條將「平等」列為最重要的權利，其次才是「自由、安全、財產」。另外，在既有的公民權利基礎上，增加了「勞動權」（第十七條）、「受救濟權、生存權」（第二十一條）、「受教育權」（第二十二條），並規定這些權利應由國家加以保障和實現。

這兩個憲法相隔僅僅兩年，卻可說是「自由主義」和「社會主義」最初始的對話。一七九一年憲法強調自由和個人權利，一七九三年憲法強調平等和社會權利。而對於私有財產的態度，在一七九三年的修憲過程中也有過激烈的爭論。當時主導政局的雅各賓黨領袖羅伯斯庇爾（Maximilien de Robespierre, 1758-1794）在修憲過程中發表演說，指出懸殊的財富差距是罪惡的根源，主張對私有財產既要保護，也要加以限制。財產的享有和支配，必須服從於社會和公共利益。後來制定的憲法對私有財產雖未做重大變更，但是自由主義和社會主義對私有財產問題的分歧，在此已初見端倪。

進入十九世紀，由於工業化的快速發展，生產技術和機器設備都有重大的突破，於是生產規模日愈擴張，資本大量集中，金融市場活絡異常，工業資本家和金融資本家成為舊體制瓦解後，新社會中的「新興貴族」。他們不僅掌握了社會中的經濟活動，同時也是政治領域中最活躍的一股勢力。擁有生產工具的資本家為了獲取利潤，不擇手段，竟以壓低工資、延長工時、大量增產、降低成本來提高產品在市場的競爭力，卻導致勞動世界的非人性化。雇傭勞動者被束縛在工廠生產線上，成為大老板積累財富的工具，卻無緣分配生產所得。這種生產關係對廣大的工人而言，是新的鐐銬。舊體制瓦解後所釋放出來的自由和平等權利，對他們而言，只是空話，因為現實的生存環境並不允許他們有能力和閒暇去享用。他們變成一批「除了鎖鏈，再也沒有什麼可以失去」（馬克思語）的無產階級。

馬克思（Karl Marx, 1818-1883）將這種新社會的生產關係定義為「壓迫者」和「被壓迫者」的關係，相當於過去自由民和奴隸、貴族和平民之間的關係，是一種新的階級壓迫。在《共產黨宣言》中，他說：「從封建社會的滅亡中產生出來的現代資產階級社會，並沒有消滅階級對立。它只是用新的階級、新的壓迫條件、新的鬥爭形式代替了舊的。」

社會主義批判新的奴役形式

馬克思可以說是十九世紀歐洲的良心。就如同《人權與公民權宣言》是自由主義思想發展到顛峰的產物一樣，馬克思和恩格斯於一八四八年發表的《共產黨宣言》，是社會主義思想發展到顛峰的產物。前者宣告「舊體制」的結束，後者則是新的生產關係中被壓迫者權利意識覺醒，並採取聯合抗爭行動的起點。《共產黨宣言》的最後一句話是：「全世界無產者，聯合起來！」

與自由主義一樣，社會主義也是源於對自己所處時代政治社會現實的抗爭和批判。社會主義（socialism）源自拉丁文的 socialis（同伴的）或 socius（喜好社交的），有強調共同、集體、社會連帶的意義。社會主義主張基於平等和正義的原則，改變所有權的形式，合理分配生產所得，達成「各盡所能，按勞分配」的理想。

社會主義的先行者，如聖西門、傅利葉、歐文，都跨越了法國大革命的時代，他們既經歷政治結構的重大變革，卻也見識到在資產階級崛起後的新社會中，經濟上強者恣意剝削經濟上弱者的慘狀。他們同樣體認到政治革命之不足，必須建構新的社會組織，才能真正落實平等與正義的原則。

聖西門（Saint-Simon, 1760-1825）首先指出：「被人們認為可以解決社會自由問題的《人權與公民權宣言》，事實上也僅止於宣言而已」，他也質疑孟德斯鳩三權分立的政治架構，認為社會自由問題的解決，「不能通過組織、建立或結合三權的方法來實現」，因為這三權最終還是集中在為了共同利益而結合起來的特權階級的手裡。他認識到工業制度已成為經濟社會的新現實，並把工業制度定義為「依靠科學、藝術和工藝來使勞動造福於社會的政治體系」。至於什麼是政治呢？聖西門說：「政治學就是關於生產的科學，也就是以建立最有利於各種生產的事務秩序為目的的科學。」他首度將政治的目的與工業社會的發展徹底結合，而且不僅是政治，他認為「道德實際上也是隨著工業的完善而發展的」。也因此，掌握政權者必須爭取各勞動階層的支持，並應力求改善最貧困階層的生活條件。

正如同聖西門慨嘆法國革命「這一爭取自由的偉大事業只是產生了新的奴役形式」，傅利葉（Charles Fourier, 1772-1837）也不滿意於大革命所揭露的「天賦人權」概念，指出「凡是不能實現的權利都是幻想的權利」，對於飽受剝削的勞動者和連吃飯都成問題的貧苦大眾而言，所謂天賦人權，「只不過是在自由、平等這些名稱掩蓋下的空話」。他批評新興工商業主當家的「文明制度」是「富者對貧者的戰爭」，是「顛倒的世界」，是「社會地獄」。從當時放任的自由競爭和殖民地政策當中，他也預見到工商業文明將進入壟斷階段，而成為「商業的封建主義」、「工業的封建主義」。

歐文（Robert Owen, 1771-1858）則從新興工商業的生產關係中目睹「僱主把僱工只看成獲利的工具，而僱工的性格則日益粗暴」，「人們為了個人的發財致富進行瘋狂的鬥爭，使勞動階級感受到了壓迫和無法忍受的痛苦」。他指出，工業機械的發展使體力勞動的價值大幅降低，以致工人只能過著忍飢受凍的生活。但是工商業主掌握了權力和資本，權力的壟斷和分配的不平等才是災禍的主要來源。他因此嚴厲批判自由主義者所捍衛的私有財產制：「私有財產把私有者的思想侷限在只顧自己的狹隘範圍內，妨礙人們去考慮有關人類幸福的重大問題，以及去了解那些可以大大有助於改善人的性格和生活條件的偉大的普遍思想。」

最大多數人的最大幸福

歐文所期待的那種「有助於改善人的性格和生活條件的偉大的普遍思想」也正是馬克思所追求的。社會主義到了馬克思手上，變成一種改變世界的宣言。早在一八四五年《關於費爾巴哈的提綱》中，他就寫道：「哲學家們只是用不同的方式解釋世界，而問題在於改變世界。」一八四八年初的《共產黨宣言》是理論和實踐的統一，也是以社會主義「改變世界」的行動綱領。

從十九世紀中葉到一九一八年第一個社會主義政權在俄羅斯成立，也是自由主義和社會主義在日益發展的工業社會中對話與互動的重要時期。馬克思不滿於過去的「空想社會主義者」僅止於以預言家的姿態推斷未來，他不僅「要對現存的一切進行無情的批判」，而且要「在批判舊世界中發現新世界」（《馬克思恩格斯全集》卷一，頁四一六）。其實，自由主義的出發點，又何嘗不是源於批判現存的一切，又何嘗沒有在批判中發現新世界的渴望？

一般都認為自由主義與社會主義的區別在於：前者重視個人、自由和效率，其核心價值是自由契約、自由貿易和財產神聖；後者則重視集體、平等和公平，其核心價值是公有制、計畫經濟和按勞分配。如今，這似乎被視為是兩組截然對立的概念。其實，如果我們回顧這兩大思潮在十九世紀的發展，會發現兩者除了都以對現狀的批判為出發點之外，還有許多可以相互匯通、參照的空間。

洛克是自由主義的先聲，他首先提出社會契約論，主張政府必須基於被統治者的同意。他把財產與生命、自由同列為人類最基本的自然權利，並指出貿易是一個國家實現人民福利的工具。亞當斯密（Adam Smith, 1723-1790）首先提出市場是「看不見的手」的概念，個人利益和公共利益會在市場中自然得到協調，每個人追求自己的利益就會促成社會總體利益的實現。因此，一個國家最好的經濟政策就是對私人經濟採取自由放任（laissez-faire）的政策，完全不加干預。

洛克死於十八世紀初，亞當斯密於法國大革命翌年過世，他們都無緣見識到十九世紀工業高度發展的歐洲社會，對於財富積累、資本集中和放任自由競爭所產生的貧富兩極化現象，也尚未能預見。在政治、經濟關係中，馬克思所指控的，資產階級崛起後，「在現代的代議制國家裡奪得了獨佔的政治統治，現代的國家政權不過是管理整個資產階級的共同事務的委員會罷了」，他們當然也還相當陌生。但是，同樣生在英國，同樣是自由主義重要思想家的邊沁和密勒，由於都經歷了十九世紀初的工業文明，他們對勞動者的處境就有比較多同情的了解。

邊沁（Jeremy Bentham, 1748-1832）建構了功利主義（utilitarism）的哲學觀，以「最大多數人的最大幸福」做為衡量決策和行為正當性的基本準則。他的許多著作源自對法國大革命的思考，對大革命時期的司法改革也起了一定的作用，一七九二年曾被頒授法國榮譽公民的資格。然而他並不贊同《人權與公民權宣言》所揭示的天賦人權觀。他認為權利若不是立足於平等的機制上，則連自由也無法確保。他指出法律必須要能保障安全、生存和平等，並須致力於必要的政治結構以促成這些目標的實現。他的這些主張形成現代民主制度的柱石。

密勒（John Stuart Mill, 1806-1863）是邊沁的主要追隨者。他進一步把功利主義的原則和自由主義的原則融為一體，將自由視為人類幸福的首要條件，因為真正的幸福意謂著人格的充分發展，而人格的發展不可能在缺乏自由的狀態下進行：自由是幸福的一個面貌，也是尋求其他形式的幸福時所不可或缺的條件。密勒在一八五九年出版的《論自由》一書，常被視為完成自由主義理論架構的一個標誌；他的《論代議政府》則是往後各界討論民主利弊的基礎。

重新思考自由的概念和價值

歐文在《新社會觀》一書中寫道：「任何政府的目的都是要使被管理者生活幸福」，並一再強調最好的政府形式就是實現「最大多數人的最大幸福」的政體。做為社會主義的先行者，歐文思想的發展其實深受邊沁的影響。同樣的，密勒追隨邊沁，完成自由主義的思想架構，而他事實上也曾經對聖西門的社會主義投以高度的熱情。密勒因此深信任何政府組織的理論都應以歷史和社會文化條件為基礎，尤其一八四八年的法國革命失敗之後，他主動捍衛社會主義的陣營。然而，他反對集中制的共產主義，主張自由競爭的經濟，但是企業的所有權則隸屬於該企業的工人。

繼密勒之後，英國另一位重要的自由主義思想家是格林（Thomas Hill Green, 1836-1882）。格林不像一般自由主義者一樣強調國家的干預越少越好，他相當重視國家的職能，認為國家應該在社會發展中扮演積極的角色。格林認為傳統自由主義者所倡導的是「消極自由」，即僅僅不受國家權力壓迫和限制的自由。他則相對地倡議「積極自由」，即「從事值得去做或享受值得享受的事物的能力」，而且這種自由必須是可以與他人共享的。他擴大邊沁的「最大多數人的最大幸福」說，主張「真正的自由就是人類社會的所有成員都享有最大化的能力去實現自己的最大價值」。他認為國家應積極保障這樣的自由，因為積極自由體現了道德與善，而國家則是道德與善的載體。

貢斯當（Henri Benjamin Constant, 1767-1830）是法國立憲自由主義的代表性人物。他透過對盧騷思想和法國大革命轉向恐怖統治的反省，重新思考自由的概念和價值。他批評盧騷的社會契約論將個人權利完全讓渡給代表共同意志的共同體，並將共同意志的外化視為人民主權和自由的保證，是不切實際的。因為任何主權都必須透過具體個人所形成的權威組織行使，其結果是主權的代理人將以自由和群眾為名，行專制濫權之實。他說「革命是為了自由」，而自由即是指「個性的勝利」，自由不僅是公共道德和私人道德的基礎，而且也是個人尊嚴、集體幸福、司法保障的前提。因此，在《憲政論》一書中，他指出立憲主要是為了確立做為道德價值的個人的地位和尊嚴。關於當時喧騰一時的君主立憲制與代議共和制的爭議，他第一個指出，兩者的差別其實只是形式上的，因為兩者都是立憲的政體。除此之外，貢斯當也預見了政黨在憲政體制中的角色。他宣告：「我們正在進入一個政黨的時代」，又對政黨下定義曰：「政黨一詞是指公開信奉同一政治學說的人們所組成的團體」。他構想中的自由黨未及完成即於一八三

○年過世。然而，他組織政黨的倡議卻給予「信奉同一政治學說」的社會主義者相當大的啟發。法國的社會主義者從一八三一年起進入結社的高峰期，他們主張只有勞動者聯合起來，才能向僱主要求工資、休息和自由的權利，不相信結社的人不能稱為社會主義者。

以「異化」概念闡釋勞動者的困境

一八四八年的《共產黨宣言》標誌一個新時代的來臨。然而，馬克思在一八四四年的《巴黎手稿》尚未以階級鬥爭做為其歷史哲學的出發點，而是以「異化」（Entfremdung）的概念闡釋勞動者的困境：在資本主義的生產條件之下，由於競爭、分工和剝削，勞動者畢生致力於生產，卻無法擁有生產的產品，他既對產品陌生，對生產過程陌生，甚至對他的生命本能都變得陌生。勞動者空有人的面貌，其個性卻遭到全面扭曲。做為一個人，唯有保障其多種潛能有表達的自由和機會，人才能在工作和生存中獲得自我實現。

這樣的主張，放在啟蒙運動後的歐洲來看，其實是積極的人道主義觀點，與上述的自由主義思想家相較，也可以說是典型的激進自由主義者。甚至直到《共產黨宣言》，馬克思仍承襲一八四四年手稿的思維，如此控訴資產階級：「它使人和人之間除了赤裸裸的利害關係，除了冷酷無情的『現金交易』，就再也沒有別的聯繫了……它把人的尊嚴變成了交換價值，用一種沒有良心的貿易自由代替了無數特許的和自力掙得的自由。」

如此對資本主義社會的生產、消費、分配過程提出全面性批判，不正是為了要求個人有免於經濟上受壓迫的自由嗎？不正是替經濟上的弱者向經濟上的強者爭平等嗎？這種不論貧富貴賤，為每個人爭取自由、平等的主張，不也是自由主義的核心價值嗎？馬克思和他同時代的社會主義者所不滿的自由主義是放任的、漫無節制的、為資產階級的剝削、掠奪張目的自由主義。但是，至少到十九世紀，這樣的放任自由主義並不是歐洲自由主義思潮的主流。

當然，在總結啟蒙運動的影響之前，不能不談完成啟蒙運動哲學理論架構的德國哲學家康德（Immanuel Kant, 1724-1804）。前面提到，自由主義和社會主義都源於對現狀的抗爭和批判，康德對他那個啟蒙時代的說法是「我們所處的時代，原本就是一個批判的時代，一切事物都必須服從批判的時代。」康德的批判後來發展為《純粹理性批判》、《實踐理性批判》與《判斷力批判》，這個「批判」有別於一般的用法，其哲學意涵為理性對其自身認識能力的嚴格審查。然而他所建立的龐大思想體系，他對人的尊嚴、人的自由、自律、自主，乃至人格的自由發展等理論的建構，可以說是自由主義理論的極致。

康德過世之後，追隨者浩浩然形成康德學派，不到一百年，學派中已湧現許多傑出的社會主義者，毅然加入勞工運動的行列。如福連德（Karl Vorlaender, 1860-1928）、阿德勒（Max Adler, 1873-1937）都是赫赫有名的康德學派社會主義者。相對的，在社會主義活動家當中，也不乏以康德信徒自居者，如德國社會民主黨創建人伯恩斯坦（Eduard Bernstein, 1850-1932）和聯邦德國前總理施密特（Helmut Schmidt, 1918-）即是顯例。用康德的哲學來處理不公、不平、不義的社會現象、解決強凌弱、大欺小、富者恆富、貧者恆貧的社會問題，就自然而然出現「左翼自由主義」（Linksliberalismus）或「社會主義的自由主義」（Sozialistischer Liberalismus）。

其實，康德強調人的尊嚴必須建立在人格的自由發展之上，這又何嘗不是馬克思所積極探求的？在《共產黨宣言》裡，馬克思先是控訴「在資產階級社會裡，資本具有獨立性和個性，而活動著的個人卻沒有獨立性和個性」，繼而主張以一個新的聯合體代替資產階級舊社會，「在那裡，每個人的自由發展是一切人的自由發展的條件。」從這樣的脈絡來看，康德的信徒會成為社會主義活動家，並不令人意外。

自由主義和社會主義都是歷史的產物，都深深刻劃著時代的烙印。馬克思如果生在一七八九年前的法國，他肯定會積極參與第三等級爭取權利的運動，會是一個為基本人權而奮鬥不懈的自由主義者。同樣的，康德如果活在十九世紀下半葉，他也很可能成為一個誓為勞動者鳴不平的社會主義者。這兩大思想流派在不同的歷史階段呈現出不同的風貌，當然也有不同的內涵。但是其基本主張不僅不是截然對立，甚至可以有相互會通之處。我們也許可以透過辯證的觀點，揚棄兩者不合理的、不合時代的成分，而在其有價值的部分達到良好的互動。

從英國的「憲章運動」到德國的「社會市場經濟」

在現實政治操作的層面上，邊沁和密勒的主張對英國十九世紀三、四十年代如火如荼的「憲章運動」有重大的影響。一八三七年，「倫敦工人協會」公布《人民憲章》，主要訴求是男性公民普選權和國會改革。運動者透過聲勢浩大的簽名、遊行示威、請願和罷工向政府施壓。雖多次遭到鎮壓，卻是前仆後繼，不絕如縷。到一八四八年，在請願書上簽名的已超過五百萬人。發動憲章運動的主要有兩股勢力，其一是以礦工和城市大工廠工人為主的「暴力派」，另一派是以技術工匠和進步資產階級為主的「道義派」。前者傾向革命的社會主義，後者則是以邊沁和密勒的思想為主導的激進自由主義。密勒後來甚至直接投入社會主義運動，而被稱為是一個「自由社會主義」者。十九世紀下半葉活躍於英國的「自由黨」有相當多工人階級的菁英。一八九三年獨立工黨成立，從十九世紀末到二十世紀初，自由黨與工黨在選舉中常有聯合協議，在議會鬥爭中也常採取一致的立場，共同對抗保守黨。

在德國，除了上述的康德學派中出現「社會主義的自由主義」之外，一八七一年以來，第二帝國議會裡的自由主義者亦分裂為左翼的「進步國民黨」和右翼的「國家自由黨」。第一次世界大戰後，威瑪共和期間同樣出現兩個標榜自由主義的政黨，其中，右翼的「德意志國民黨」係大資本家資助，左翼的「德意志民主黨」則結合了小資產階級和中智階級。二次大戰後，在東西陣營對峙的冷戰結構之下，聯邦德國推動「社會市場經濟」（Soziale Marktwirtschaft），巧妙地調和自由市場經濟和中央計畫經濟，使慘遭納粹肆虐、飽受戰火摧殘的西德，得以快速地從殘垣斷瓦中站起。一九八九年，柏林圍牆戲劇性地拆除了，東、西德邁向統一。儘管兩德統一後，有許多歷史遺留下來的問題須一一去克服，其進程基本上還是相當平順的。德國的經濟力和在歐盟的領導性地位更進一步獲得確認。這不能不歸功於「社會市場經濟」的設計，融合了自由主義和社會主義的內涵，使得在不同體制下生活了四十餘年的東、西德人民，可以很快地取得互信和諒解。

法國左、右政黨的折衷共治與美國的「新政」

一八七〇年，法國在普、法戰爭中慘敗，第三共和（1870-1940）成立。翌年，爆發有史以來第一個以無產階級國際主義為號召的革命，成立了巴黎公社。但公社為時未久即遭到政府軍的血腥鎮壓。此後，法國的政壇雖然一向左、右陣營壁壘分明，但是不管是左、右政黨執政，迫於現實政治的考量，多會採取比較調和折衷的政策。第三共和初期是資產階級政黨掌權，為了防止保皇派勢力的復辟，確立了男性公民的普選權，立法保障出版、言論、集會、結社、組織工會的自由。這些民主權利也正是當時廣大的勞工大眾所極力爭取的。從此，他們可以公開組織工會和政黨，可以光明正大地透過刊物和集會表達意見、宣傳理念。法國社會黨的創黨人饒勒斯（Jean Jaurès, 1859-1914）曾對這個時代做出如下的評價：「現在，社會主義的無產階級是公開地在民主合法性和普選的廣闊陣地上準備、擴大並組織它的革命。」

第三共和末期，一度由左翼取得政權，在社會黨領袖勃魯姆（Léon Blum，1872-1950）的領導下，成立了「人民陣線」（Front populaire, 1936-1938）政府。人民陣線政府積極調整勞資關係，法國總工會會員短短一年間，從一百萬人增加到五百三十萬人；改善勞動者工作條件，實施帶薪休假，將法定工時縮減為每週四十小時；並加強國家對經濟生活的干預，重要企業國有化，加強對銀行的控制。這些基本上都是社會主義價值的實踐。但是，人民陣線政府也同時保障多黨政治和民主體制，保障一定的經濟自由。勃魯姆主張：「國家的權力不是去限制生產，而是去增加消費，不是去毀壞和禁止，不是去定量供應和壓抑，而是去創造和刺激。重新賦予一個由於蕭條而破碎、由於緊縮通貨而失血過多的經濟機制以生命。」又說，其施政的目標是「在現行制度中獲取其所能提供的秩序、財富、安全和正義的最大值。」

這樣的政策其實與凱恩斯學派的理論相去不遠。英國經濟學家凱恩斯（John

Maynard Keynes, 1883-1946）對二十世紀自由主義陣營的經濟決策影響十分深遠。他認為不能迷信市場的效率，主張國家積極介入經濟活動，透過公共工程、政策性鼓勵投資和消費，以刺激、滿足民眾的需求並保障充分就業。國家即使因此必須編列赤字預算，其赤字也將因為經濟增長所帶來的稅收而獲得彌補。他基本上是贊同資本主義的經濟體制，但是，他又說：「條件是必須在明智的計畫之下。」一九二九年爆發全球性的經濟大蕭條之後，凱恩斯的主張提供了經濟復甦的藥方。而在二次大戰後，北歐福利國家的形成，也多少有凱恩斯的影子。

進入八十年代，法國的政局基本上還是以左、右為分野。但是，特殊的政治文化加上第五共和「雙首長制」的憲政設計，竟戲劇性地出現了「左右共治」（cohabitation）的局面。自從一九八六年迄今，已先後出現三次總統、總理分屬左、右政黨的局面。「左右共治」逐漸成為法國政府的常態，民眾也早就習以為常。似乎，社會主義和自由主義在這個《人權與公民權宣言》的故鄉，是很可以既對立又統一的。

英、德、法是歐洲三個工業文明大國，其左、右兩股政治勢力辯證發展的歷史經驗有一定的代表性。英國是工業革命的發源地，是世界上最老牌的民主國家，也是最早萌生自由主義思想的地方。德國的工業化起步較晚，但是階級的矛盾和鬥爭也最為激烈。因此，社會主義最高級的形式——共產主義，就誕生在德國。法國則就其地理位置和思想、文化的活力而言，都是歐洲的心臟，在法國發生的事情，會以最快的速度向外輻射、擴散。而在這三個國家中，我們發現，在理論上和實踐上，自由主義與社會主義都是透過綿密交錯的對峙和對話而互動發展的。

即使在做為資本主義大國的美國，於羅斯福（F. D. Roosevelt, 1882-1945）總統的時代，也曾透過國家的大力干預和強制性的社會立法，以解決大蕭條所帶來的經濟危機和嚴重的失業問題。羅斯福是美國有史以來任期最長的一位總統（1933-1945），他認為一味自由放任的資本主義市場經濟體制，既無法將美國從經濟衰退中挽救出來，也使得社會正義盪然無存。因此，競選時即以「新政」（New Deal）為訴求，並從一九三三年起大力推行。其主要內容是對金融業加強控管、政府規劃大工程以促進企業投資並增加就業、補助農業生產、廢除童工、減少工時、制定最低工資和失業保險制度、鼓勵組織工會並保障其與資方談判、協商的權益。

「新政」是一套調和自由市場與國家計畫的經改方案，經濟學家常將其視為混合經濟的一個傑出典範，既保持了自由主義所重視的市場機能，也擴大了社會正義的範疇，使社會主義的理想多少有所依附。「新政」使美國得以擺脫大蕭條的陰影，經濟逐漸復甦，社會矛盾也大為消滅。第二次世界大戰爆發後，美國全國上下能夠以比較從容、寬裕而團結的態度投入烽火戰場，應歸功於「新政」所奠下的基礎。

官僚主義是執政的共產黨最大的毒瘤

東歐國家的工業化水平與西歐、北美等先進國家相較，仍有一大段距離。但是，在六十年代，東歐共產主義陣營中也曾有過融合兩大思潮的嘗試。南斯拉夫實施「自治社會主義經濟體制」，匈牙利則進行「新經濟體制」，都試圖以分層決策和有調節功能的市場機制配合中央計畫模式，即「運用市場來實現社會主義的目的」，但在蘇聯的干涉下，並未獲得明顯的成果。

其實，在早期的蘇聯，列寧雖然已強調無產階級專政，卻也還允許其他黨派的存在，對資本主義相對地採取比較謹慎、客觀的態度。對社會主義制度所可能產生的弊端，也有比較務實、冷靜的認識。早在十月革命前，列寧即發出警訊：「沒有民主，就不可能有社會主義……勝利了的社會主義，如果不實行充分的民

主，就不能保持它所取得的勝利。」（《列寧選集》卷二，頁七八二）

十月革命後，列寧曾主張吸收小資產階級的代表參加政權，在「新經濟政策」時期，他甚至認為也應容許「耐普曼」（即資產階級）參與政治合作。他尤其注重黨內民主，要求在黨組織內讓黨員充分發揮其自主精神，他說：「在全黨必須遵守的黨的決議未經通過前，應展開廣泛的討論和爭議，充分自由地進行黨內批評，集體制定全黨性的決議。」而對於少數不同的意見，他甚至主張出版爭論專頁或專門文集予以刊登（見〈蘇聯共產黨代表大會、代表會議和中央全會決議彙編〉，第二冊，頁五四，人民出版社，一九六四年）。

一九二三年，列寧在一篇題為〈寧肯少些，但要好些〉的文章中，對於那些「過於輕率地侈談什麼無產階級文化的人」，提出如下的評言：「在開始的時候，我們能夠有真正的資產階級文化也就夠了；在開始的時候，我們能夠拋掉資產階級制度以前的糟糕至極的文化，即官僚或農奴制等等的文化也就不錯了。在文化問題上，急躁冒進是最有害的。」他已敏感地意識到官僚主義將是共產黨最大的「毒瘤」，並提出警告：「一切工作中最大的毛病就是官僚主義，共產黨成了官僚主義者。如果說有什麼東西會把我們毀掉的話，那就是這個。」（《列寧全集》卷五十二，頁三〇〇）

列寧過世後，斯大林先是對黨內異議分子進行全面整肅，繼而對自由主義採取一刀兩斷的措施，造成「黨外無黨，黨內無派」的局面。與此同時，斯大林大力推動計畫經濟，嚴重違反經濟發展規律，將社會主義引向平均主義，使得全蘇聯的勞工普遍喪失積極性，而共產黨官僚則因掌控計畫經濟分配資源的大權，而成為傑拉斯筆下的「新階級」。這種斯大林主義與《共產黨宣言》中所許諾的「每個人的自由發展是一切人的自由發展的條件」顯然背道而馳。然而斯大林主義歷經赫魯曉夫（僅止於對斯大林執政風格的批判）、布涅日列夫、安德魯波夫、契爾年科等領導人，仍一直主宰著前蘇聯，以致柏林圍牆一坍塌，整個前蘇聯再也經不起歷史的考驗，隨之土崩瓦解。

斯大林的獨裁專制、蘇維埃政權的不斷擴張以及中央計畫經濟的雷厲風行，使整個西方感受到強烈的威脅，遂逐漸對蘇維埃政權產生戒心。二次大戰期間，為了共同對抗納粹的侵略，蘇聯與西方國家有過一段蜜月期。然而，大戰結束後，蘇聯的「革命輸出」導致共產政權向東歐、亞洲、南美擴散，與西歐和北美的國家儼然形成兩個對立的、以社會主義和自由主義為分野的陣營。這種對立的顛峰就是全球冷戰的「恐怖平衡」局面。

中國：一個跨世紀的重大實踐

自一九八九年以來，東歐共產政權乃至蘇聯以骨牌效應紛紛解體。以美國為首的西方國家一度慶幸這是「歷史的終結」，冷戰結束，資本主義自由市場經濟獲得最後的勝利，並從此將定於一尊，成為人類社會唯一可能的制度。美國甚至派出一批號稱「金童」的金融財政專家，企圖以「休克療法」，儘速將原社會主義國家轉軌到美國式的資本主義。如今，十年過去了，我們看到的卻是東歐標榜社會主義的左翼政黨紛紛復歸、擴大，甚至透過民主選舉，取得執政的機會。在這些國家，自由主義和社會主義的對話依然持續在進行當中。

這樣的世界局勢，有助於中國更清楚地認識自己的過去、現在和未來。同時也較能夠從容、客觀、自主地選擇自己的道路。其實，大陸過去對自由主義的了解多透過馬、列、斯、毛的著作，他們以如椽巨筆嚴厲批判早期的資本主義，對自由主義難免有較片面的觀點。五十年代以來，在全球冷戰結構之下，自由主義也被社會主義陣營視為資本主義陣營的意識形態，因此更是刻意排斥。改革開放之後，由於清理極左思潮，自由主義逐漸風行，卻無非是與經濟活動結合在一起的自由主義，功利壓過義理。

如今，大陸提出「社會主義初級階段」的說法，一九九七年的中共第十五次全國黨員代表大會確認社會主義初級階段是「不可逾越的歷史階段」。到一九九九年的修憲，更將憲法序言中原先的「我國正處於社會主義初級階段」修改為「我國將長期處於社會主義初級階段」。這是一個機會，讓我們可以沉靜下來，以比較從容舒緩的態度，好好重新審視自由主義和社會主義在歷史上的發展與遇合。

鄧小平生前確立下來的「社會主義市場經濟」，其實不妨視為自由主義和社會主義的跨世紀對話。鄧小平不斷強調要解放思想、實事求是，超越「姓資」與「姓社」的爭議，避免兩極分化。他說：「社會主義和市場經濟之間不存在根本矛盾，……計畫經濟不等於社會主義，資本主義也有計畫；市場經濟不等於資本主義，社會主義也有市場。」自由主義向來強調市場的調節功能，鄧小平的說法為自由主義和社會主義的辯證性發展提供了廣闊的空間。其實，早在一九二一年，中國社會主義先行者李大釗一篇題為〈自由與秩序〉的文章中，就說：「個人主義與社會主義絕非矛盾……真正合理的個人主義，沒有不顧社會秩序的；真正合理的社會主義，沒有不顧個人自由的。」個人主義也是自由主義的核心內容之一。而在此之前，推翻中國君主專制政權的革命領袖孫中山，更在其一九一九年制定的《建國方略》中寫道：「欲使外國之資本主義，以造成中國之社會主義，而調和此兩種人類進化之經濟能力，使之互相為用，以促進將來之文明也。」《建國方略》無非是中國最早的一部國家現代化綱領，孫中山已認為資本主義與社會主義的相互為用，是我國經濟建設「最直捷之途徑」。孫氏於一九二三年在國民黨內部推動「聯俄、容共、扶植農工」三大政策，更是上述思維的具體實踐。

總結自由主義與社會主義的歷史經驗

自由主義與社會主義原都是工業革命的產物。西方國家工業發展最迅猛、現代化腳步最豪闊的時代，同時也是兩大思潮交會、交鋒最密集的時代。要掌握現代思潮，就不能不對這兩大思想流派做必要的爬梳與整理。西方的工業化是一個十分曲折的歷程，既有輝煌、進步的一面，也不乏陰暗面與逆流。自由主義與社會主義既是因應工業社會的變革而產生，也對相關的經濟、社會問題做過回應與深刻的對話。

今日的中國不能迴避工業化的挑戰，為免於重蹈覆轍，避開現代化進程中可能出現的誤區與陷阱，我們應站在既有的基礎上，總結自由主義與社會主義的歷史經驗，記取教訓，萃取其進步合理成分。絕不能再像過去那樣，以簡單的二分法來片面地對待自由主義，也不能使社會主義淪為僵化的教條。

七、近現代中國輸入西方思潮的經驗與教訓

自鴉片戰爭以來，古老的中國面臨了「數千年來未有之變局」（李鴻章語）。西方殖民帝國主義的欺凌對閉鎖、積弱的中國帶來巨大的衝擊，工業革命以來的西方思潮也在這段期間大量湧入，與中國的傳統文化思想難免有許許多多的轇轕與互動。中國從沉睡中驚醒，如何面對西方，如何迎接現代化的挑戰，這是所有關心國是的知識分子無可迴避的課題。從十九世紀中葉的洋務運動，歷經晚清的變法維新、辛亥革命，以迄五四以來風起雲湧的新文化運動：中國的近現代史，有相當重要的一部分，是知識菁英殫精竭慮，為中國的文化趨向和發展道路對話或交鋒的紀錄。雖然其中不乏因救亡急切而產生的偏執與激情，但是有關中國傳統文化面對西方思潮的調適、轉型、應變、求變的歷程，為我們留下了極

為豐富的經驗與教訓。

十九世紀的西方，正處於工業發展最迅猛、現代化腳步最豪闊的時代，同時也是支配近現代世界政治、經濟與社會的自由主義和社會主義這兩大思潮對話、交鋒最密集的時代。中國從十九世紀下半葉開始大量引進西方的技術與思想，難免也為這兩大思潮在中國的傳播留下難以抹滅的刻痕。西方的工業化是一個十分曲折的過程，既有輝煌、進步的一面，也不乏陰暗與逆流的另一面。自由主義與社會主義都是工業革命的產物，既回應了新生的政治、經濟、社會問題，彼此之間也一直進行著深刻的對話。同樣的，西方思潮湧進中國後，身處變局的中國知識分子也被迫面對新形勢，探求理論，相互辯難，思索中國發展的方向。

師夷長技以制夷

早在鴉片戰爭以前，較敏銳的晚清士大夫已察覺到西方勢力的入侵以及封建社會瀕臨瓦解的危機。龔自珍（一七九二—一八四一）死於鴉片戰爭第二年，但是他所留下的詩文已深刻反映了一個衰亡中的舊時代，同時也讓我們看到一股新生的力量正在這塊舊時代的腐土上滋長。龔自珍大量揭露現實社會黑暗面、批判封建衰世，率先指出變革的必要與必然。他同時也掀起了批判傳統權威的風氣，打擊了儒家的獨尊地位。龔自珍的思想在他的時代堪稱前衛，具有啟蒙意義。難怪在《清代學術概論》中，梁啟超評道：「晚清思想之解放，自珍確與有功焉；光緒間所謂新學家者，大率人人皆經過崇拜龔氏之一時期。」

在中國近現代史上第一位明確提出向西方學習的知識分子首推魏源（一七九四—一八五七），他開啟了晚清自強、維新運動的先聲。在林則徐主持編譯的《四洲志》的基礎上，魏源於一八四二年編著五十卷本的《海國圖志》，次年刊行，一八五二年又擴充為百卷，對西方史地和科技文明首度做系統性的整理與介紹。《海國圖志》的完成，是直接受到鴉片戰爭的刺激。魏源在序言中痛切戰爭的挫辱是「凡有氣血者所宜憤悱，凡有耳目心知者所宜講畫。」因此他具體主張「師夷長技以制夷」，並明確指出：「夷之長技三：一、戰艦；二、火器；三、養兵練兵之法。」魏源的主張也正是整個洋務運動的重心所在。至於傳統與西學之間的關係，魏源主張：「今必本乎古……善言古者，必有驗於今」，又說，「執古以繩今，是為誣今」（見《默觚》）。這是一種很進步的歷史觀，古今之為用，全看是不是有助於提高人民的福祉，魏源的說法是：「治不必同，期於利民」（同上）。他所謂「今」，包括向西方學習先進的技術，就像在《海國圖志》中，他說「風氣日開、智慧日出，方見東海之民猶西海之民」。《海國圖志》後來傳到日本，受到高度重視，對明治維新產生一定的影響。

早期自由主義的影子

其實，我們若是回顧近現代中國輸入西方思潮的歷程，將不難發現，從十九世紀中葉到國共內戰在大陸結束的這一百年間，雖然中國工商業的資本和規模都還處於醞釀階段，自由主義和社會主義的主張卻已相當程度地左右著知識菁英思考的方向。從洋務運動時期薛福成、馬建忠、鄭觀應等人對富強之術的追求以及重商論的提出，不難看到早期自由主義的影子。

薛福成（一八三八—一八九四）先後受到曾國藩和李鴻章的重用，是洋務運動幕後的靈魂人物。曾、李二人相繼擔任直隸總督兼北洋大臣，掌管清廷外交、軍事、經濟大權，而他們許多對國計民生有重大影響的奏摺、文牘皆出自薛福成之手。薛氏不僅參與鐵路、船政、礦產、軍備等國家基礎建設的規劃，對於生產機械化、公司組織與管理的完善乃至商業貿易的拓展也都有其遠見。他在〈西洋諸國導民生財說〉一文中，指出西方，「工藝之興，新奇日著，又能切於民生日用，質良價廉，為遐邇所必需，是不但不遺地利，又善用人力矣。商務為上下所注意，風氣既開，經營盡善，五洲萬國，無貨不流，各挾巨資以逐十一之利，是不但鳩之境內，又輦自境外矣。」這對西方資本主義工業社會的形貌已是十分精當的描述，同時也透露出洋務運動核心人物對西方世界的嚮往與追求。馬建忠（一八四五－一九〇〇）也曾在李鴻章麾下辦理洋務，於鐵道運輸、郵政、海軍等都提出過建言，而他在〈富民說〉中更具體主張積極發展國際貿易，開宗明義即言：「治國以富強為本，而求強以致富為先。」他舉英、美、俄、德等西方國家為例，證明通商是求富之源。而他的留法經歷，也使他認識到器物以外的其他面向。他從巴黎寄呈李鴻章的書信中，寫道：「初到之時，以為歐洲各國富強專在製造之精、兵紀之嚴。及披其律例，考其文事，而知其講富者以護商會為本，求強者以得民心為要。護商會而賦稅可加，則蓋藏自足；得民心則忠愛倍切，而敵愾可期。他如學校建而智士日多，議院立而下情可達；其製造、軍旅、水師諸大端者皆其末焉者也。」雖然馬建忠於信中不免述及議會政治賄賂公行、朋黨營私的現象，但是他在有關重視教育和廣開言路方面的論述，已不妨視之為從洋務運動向變法維新的一個轉折。

然而，在十九世紀的著作中，對西方工業社會資本主義精神有如實掌握，對中國工商業發展真正有實務經驗並做系統性論述的，首推鄭觀應（一八四二—一九二二）的《盛世危言》（一八九三年刊行）。鄭觀應曾任職英國商行，又自營貿易，投資航運，於商界極為活躍。他提出「恤商惠工」的政策，在國際關係，則主張應以商戰為主，兵戰為末。他批評洋務派追求「船堅炮利」只不過是專事購買西方船炮，是「遺其體而求其用」，主張自行製造機器，以得「機器無窮之妙用」。洋務運動時期流行「中體西用」的說法，鄭觀應雖然在《盛世危言》的〈西學〉篇中，也提出「中學其體也，西學其末也；主以中學，輔以西學」，為中國傳統文化和西方文化之間的關係定位。然而，鄭觀應的體、用之分，在實際上已超出了中、西的界線。在實務上，他所認知的「體」已不僅是傳統的倫常價值，他比洋務派更進一步主張君主立憲、設立議會，並從務實、效率、利害等觀點論證議會政治優於專制。這些觀點給康有為、梁啟超等人日後所發起的變法維新運動相當大的啟發。

自由為體，民主為用

清廷內部主持洋務運動的代表性人物是曾國藩、左宗棠、張之洞、劉坤一、李鴻章等實力派官僚。他們一方面要與耽溺於「天朝上國」迷夢的皇親國戚周旋，一方面目睹大好河山淪為西方列強的刀下俎肉，其圖強救亡之急切可想而知。然而清朝早在雍正元年（一七二三）即頒布〈禁教諭〉，禁止西洋教士來華傳教，從而也阻絕了西方啟蒙思潮與中國文化相會通的機會。洋務派的世界觀在這種鎖國政策下難免受到侷限，但是其務實求治、保國衛民的努力，仍是不容輕忽的。矢志追求船堅炮利的洋務運動固然經受不起甲午戰爭一役的考驗，但是他們所積極創辦的洋務機構，如北京的同文館、上海的江南製造局和福州的船政學堂，都對日後的中國產生深遠的影響。西方重要著作的翻譯、傳習以及政策性資助學子出國留學，為新一代的知識青年開拓了眼界，同時也為更進一步的政治、社會改革蘊蓄了必要的能量。曾國藩在〈擬選子弟出洋學藝摺〉中即主張「凡遊學他國得有長技者，歸即延入書院，分科傳授，精益求精，其於軍政、船政，直視為身家性命之學」，其中將軍政、船政「直視為身家性命之學」的說法，可見其向慕西方工業技術之急切。

　　翻譯名家嚴復（一八五四—一九二一）是福州船政學堂的首屆畢業生，一八七七年負笈英國學習海軍，回國後曾擔任福州船政學堂教習、北洋水師學堂總教習，可以說是從洋務運動中分化出來的維新派代表人物。他尖銳地指出，洋務運動的侷限性在於未能觸及政體的改革。洋務派主張「中學為體、西學為用」，乃是針對西學中的「民權平等之說」而發，其目的在於維護封建秩序的綱常名教。「中學為體」中的「體」指的是君為臣綱的專制政體，具有一定程度的保守反動性格。嚴復指出：體用不容分割，「中學有中學之體用，西學有西學之體用」（見〈與外交報主人論教育書〉），認為中國不僅要學西學之用，也要學西學之體。因此嚴復大力批判專制政體，認為中國的專制與西方列強的差別在於「自由不自由異耳」，並提出「自由為體、民主為用」，與洋務派的「中學為體，西學為用」相抗衡。

甲午戰後，嚴復在痛心之餘，決意「致力於譯述以警世」，於是自一八九五年起，翻譯了赫胥黎《天演論》，並據以發表〈原強〉一文，推介達爾文「物競天擇、適者生存」的學說，認為這種理論「近之可以保身治生，遠之可以經國利民」。其後又創辦《國聞報》，鼓吹變法維新。嚴復試圖以《天演論》喚起國人救亡圖存的覺悟，對當時的知識界可謂起了醍醐灌頂的作用，因此風行一時，成為變法圖強的理論依據。維新運動因戊戌政變而夭折，嚴復在失意之餘，潛心於譯事，先後譯出亞當斯密的《原富》、史賓塞的《群學肄言》、密勒的《群己權界論》和《名學》以及孟德斯鳩的《法意》等西方自由主義的經典名著。自由主義中有關自由、民主、人權的學說，終於比較有系統地進入中國讀書人的知識領域。

甲午戰敗，割讓臺灣，康有為公車上書，揭開了變法維新的序幕。康有為固然也打著「中體西用」的旗號，並以《新學偽經考》、《孔子改制考》等今文經學著作為理論依據；但就其變法內容而言，則已大大超越了「中體西用」的格局。康有為提出「泯中西之界線，化新舊之門戶」，力主採取西方政教之長，以變中國之成法，「外採東西強國，立行憲法，大開國會，以庶政與國民共之，行三權鼎立之制」，尤其推崇俄國彼得大帝改制及日本明治維新。他甚至說：「吾謂百年之後必變者三：君不專臣不卑，男女輕重同，良賤齊一」。這些主張無疑已觸及祖制的變更，涉及封建綱常名教的存廢。所謂「孔子改制」不過是變法維新的護身符罷了。

維新運動後來雖告失敗，但其影響卻極為深遠。早在一八九五年秋天，康有為、梁啟超、嚴復、譚嗣同等維新派主事者先後在北京和上海組織以變法維新為宗旨的「強學會」、創辦《中外紀聞》和《強學報》，積極介紹西方新學。強學會旋即於翌年初遭清廷勒令解散，學會刊物遭查封。但是，維新派卻因此更向全國擴散：康有為在澳門創辦《知新報》；梁啟超在上海創辦《時務報》；譚嗣同在湖南設立時務學堂，組織南學會，創辦《湘報》和《湘學新報》；嚴復在天津辦《國聞報》。各個維新派陣地無不全力鼓吹變法，提倡新學，培養維新人才。這種藉由學會、報刊以組織群眾、傳播新知的啟蒙企圖，嚴復闡釋得非常清楚：「疏者以親，滯者以達，塞者以流，離者以合，幽者以明，羸者以強；又多報章，導之使言，毋令少有壅蔽。」不可否認的，維新志士所積極傳播的「新學」，為因應政治改革的需求，有相當重要的一部分即是自由主義的內涵。

譬如，嚴復在甲午戰爭期間發表〈辟韓〉一文，藉由對唐代大儒韓愈〈原道〉一文的質問，抨擊君權神授、君尊民賤的封建思想。他說：「秦以來之為君，正所謂大盜竊國者耳。國誰竊？轉向竊之於民而已……斯民也，故斯天下之真主也……是故西洋之治者曰：國者，斯民之公產也。」這已明確宣告以「國民主權」取代「君王主權」。在戊戌政變中遭狙殺的譚嗣同（一八六五－一八九八）在他的著作中一再宣稱要「衝決君主之網羅、衝決倫常之網羅」，其《仁學》一書傳頌一時。譚嗣同在書中盛讚法國大革命，說「彼君之不善，人人得而戮之，初無所謂叛逆者。叛逆者，君主創之以恫嚇天下之名」，這已與洛克所主張的「革命權」相近。他又說「君也者，為民辦事者也；臣也者，助辦民事者也。賦稅之取於民，所以為辦民事之資也。如此而事猶不辦，事不辦而易其人，亦天下之通義也。」這是「國民主權」的張揚。至於「生民之初，本無所謂君臣，則皆民也。民不能相治，亦不暇治，於是共舉一民為君……夫曰共舉之，則且必可共廢之」的論述則與盧騷的《民約論》若合符節。此外，他主張集會結社的權利，認為集會結社乃「生人之公理不可無也」；也同情太平天國的農民革命，認為「洪楊之徒，苦於君官，鋌而走險，真情良足憫焉……會匪之興，亦兵勇之互相聯結，互相扶助，以同患難耳」。譚嗣同畢生衝決網羅，最後仍無法逃脫慈禧等守舊勢力的網羅，但是他鮮明的主張卻是將變法維新導向暴力革命的預言。

從變法維新走向革命

百日維新的悲劇性結局，使寄望於改革的知識分子徹底絕望。加上八國聯軍與辛丑和約的刺激，使他們紛紛走向革命，要求推翻帝制，建立共和。其中，以二十一歲英年殉難的鄒容（一八八五－一九〇五）最具代表性。鄒容年少即深受維新思想影響，自費赴日留學，鑽研盧騷、孟德斯鳩等啟蒙思想家的著作。他回上海後，撰成《革命軍》一書，被譽為中國近代的〈人權宣言〉。鄒容雖遭清廷下獄致死，《革命軍》銷售量卻大幅攀升，居晚清書刊之首，對於革命思想的傳播，起了十分重大的作用。而章太炎（一八六八—一九三六）則是另一個從維新派走向革命派的典型，他因參與強學會，擔任《時務報》主筆，戊戌政變後被通緝，流亡海外，與康有為等革新保皇派的主張逐漸分道揚鑣，成為激進的革命者。章太炎一九〇三年發表《駁康有為論革命書》，指出滿漢之異乃貴族與奴隸之別，「漢人無民權，而滿洲有民權，且有貴族之權」，唯有推翻貴族統治，漢人才能脫離奴隸的地位。這種分析已相近於法國大革命前第三等級對教士、貴族等特權階級的控訴。同一年，章太炎又為鄒容的《革命軍》作序，進一步指出，驅除異族，原應稱為「光復」，而不是「革命」，鄒容既以革命為書名，則「不僅驅逐異族而已，雖政教、學術、禮俗、材性，尤有當革者焉」。可見當時對革命的認知，已不僅止於推翻滿清皇朝，還包括整個制度、教育和國民生活習性的改弦更張。

章太炎的心路歷程也顯示出，當和平改革無望，暴力革命將是最後不得已的選擇。晚清的知識分子並不是沒有做過和平改革的努力，但是面對清皇朝的部族政治，任何理性的主張只能以百般委婉、曲折的方式提出，處處要顧及滿清權貴的利益。而大權在握的西太后對於不同意見者又採取極端不寬容的態度，動輒刑獄屠戮，終於迫使改革者走向革命之路，同時也注定了中國的現代化道路，要走得比別國更為艱困坎坷。

民主派對社會主義的嚮往

無論維新派或革命派，在倡導西方自由主義理念的同時，又不同程度上受到西方社會主義思潮的影響，因為當時歐洲正處於勞工運動和社會主義運動興起的時代。他們看到自由主義（或資本主義）釀成的社會流弊，認為中國引進工業化的同時，既要輸入人權、自由和民主制度，也要避免自由主義帶來的社會問題。因而他們非但不排斥社會主義，甚至還將社會主義視為追求的理念之一。

維新人物嚴復在〈原強〉中即指出：歐洲二百年來由於科技發達，「雖有利於民生之交通；而亦大利於奸雄之壟斷，壟斷既興，而貧富貴賤之相懸滋益遠矣」，「夫貧富不均如此，是以國財雖雄而民用不振……於是均貧富之黨興，毀君臣之議起矣」。嚴復從而贊成歐洲的社會改良主義，主張從改造「人心風俗」入手，以「救當前之弊」。依此，他提出三強說，即開民智、鼓民力、興民德。同樣地，康有為在《禮運注》和《大同書》中，企圖融合西方的自由主義與社會主義兩大思潮，一方面倡導天賦人權說，一方面又提倡「人人皆公，人人皆平」〈見《禮運注》〉。他在《大同書》中甚至提出「去產業、公生業」，主張生產資料「盡歸於公」，成了中國近代史上宣傳空想社會主義的先驅。

革命派代表章太炎在〈代議然否論〉中，評論西方的代議政體：「君主之國有代議，則貴賤不相齒；民主之國有代議，則貧富不相齒」，進而主張總統應由人民直接選舉。其在《俱分進化論》中則指出，歐洲各國「人人皆有平等之觀，此誠社會道德之進善者」，但歐洲物質文明也帶來流弊，「人之所崇，不在爵位，而在貨殖」，「富商大賈之與貧民，不共席而坐、共車而出」，「獨歐洲舉此以為天經地義（除少數社會主義者），此非其進於惡耶」。他對社會主義表現出一定的同情。

孫文的民主共和論與早期社會主義思潮

一九一一年以孫文（一八六六─一九二五）為首的同盟會，提出「驅逐韃虜，恢復中華」為號召，終於推翻滿清皇朝，創建民國。孫文自十二歲即在檀香山接受西方教育，嗣後在廣州、香港學習西醫，倡議革命後，為了向華僑募款，常年遊走海外，於西方文化浸濡甚深。其主要政治主張，乃是借鑑於西方的歷史經驗。尤其於一八九六年十月孫文被誘禁於倫敦中國使館，幸蒙其英籍老師康德黎救出，遂藉機在大英圖書館埋首苦讀半年。當時正是德國崛起且左右歐洲政局的年代，孫文對於締造德意志帝國的俾斯麥尤其傾心。俾斯麥謀慮深遠，是全世界第一個推行「國家社會主義」（Staatssozialismus）建設的人。所謂國家社會主義乃指由上而下的社會主義，有別於由下而上的、以勞工運動為主的社會主義。孫文推翻帝制、建立民國，乃以西方共和體制為典範，但他也肯定中國傳統政治中的監察御史與考試制度，因此有「五權憲法」的提出。而他平均地權、節制資本等「社會革命綱領」（民生主義），基本上則是由上而下推行社會主義的構想。他認為民生主義可以針對資本主義的弊端，防患於未然。在《民報》發刊辭上，他指出，歐洲近代歷史興起三大思潮，經歷三個時期：民族主義、民權主義與民生主義。中國亦當順應世界進化潮流，實行三民主義，並強調將「政治革命、社會革命畢其功於一役」。

《民報》是一九〇五年同盟會成立後的機關刊物，幾乎每一期都有介紹社會主義的文章。當年年底就有留日攻讀法政的朱執信寫了〈德意志社會革命家小傳〉一文，對馬、恩生平首度做了較完整的介紹，對《共產黨宣言》的內容和剩餘價值學說也有所闡釋。翌年六月，他又發表了〈論社會革命與政治革命並行〉，論述馬克思的科學社會主義已從學說漸漸趨向於實行。朱執信後來長期跟隨孫文，協助孫氏撰寫《革命方略》等著作，可見在國民黨發展的過程中，很早就有了社會主義的思想內涵。

唯革命民主派的社會主義脫離了中國當時的社會現實，因此被列寧稱為「主觀社會主義」。與維新派一樣，革命派也企圖融合自由主義與社會主義，但同樣沒有找到可行的途徑。然而，孫文也正是基於這種「主觀的社會主義」，使他與譚嗣同一樣，對太平天國的農民革命深表同情，認為一八六二年英國出兵協助清廷蕩平洪秀全、楊秀清的太平軍是「敗壞我等志向」、「窒吾等之進步」。這與洋務派、維新派人物普遍忌諱農民運動，惡聲訾罵太平天國的態度大相逕庭。

遺憾的是，孫文所追求的「舉政治革命、社會革命畢其功於一役」終未實現。至於推翻滿清皇朝，基本上與朱元璋推翻蒙古皇朝一樣，是種族革命，而非真正的民主主義革命，才會出現日後一連串的洪憲帝制、張勳復辟等鬧劇。值得一提的是，孫文雖浸淫西方文化甚深，卻極為重視傳統文化，不時藉由呼喚傳統的榮光，力求恢復民族的自信心與自尊心。他認為，《大學》所說的「格物、致知、誠意、正心、修身、齊家、治國、平天下」是一套相當有系統的政治哲學，

「講到政治哲學的真諦，歐洲人還要求之於中國」。有關西方新學與固有傳統之間的矛盾和取捨問題，他的態度十分明朗：「一般醉心新文化的人，便排斥舊道德，以為有了新文化，便可以不要舊道德。不知道我們固有的東西，如果是好的，當然要保存，不好的才可以放棄。」

總結「五四」前民主派對中西文化的理解

在鴉片戰爭以前，清皇朝統治階級一直沉醉在「天朝上國」的迷夢中，顧盼自雄，這些封建守舊的頑固分子視西方科技為「奇技淫巧」足以蠱惑人心，因此心存拒斥禁絕的態度。直至戰敗後，震驚之餘，始重用甫平定太平天國、對清廷有中興之功的洋務派，開啟了自強運動的序幕。其中張之洞提出「中學為體、西學為用」，強調西方科技之為用，這比頑固派前進一步，但仍主張維持封建政體的倫理綱常。

維新派的先驅鄭觀應早在一八九三年即提出「主以中學、輔以西學」，主張君主立憲，對洋務派的體用論有所突破。譚嗣同則依王夫之「無其器則無其道」之說，提出「器既變，道得獨不變」（見〈報貝元徵〉），主張不僅要學西方的

「器」，也要學西方的「道」，改變封建專制政體與倫理綱常，倡導西方的自由、平等、博愛。嚴復主張中西之學各有體用，認為不僅要學西學之用，也要學西學之體，反駁了洋務派中體西用說（見〈與外交報主人論教育書〉）。

維新派不同於西化派，他們對傳統文化，特別是孔學，做了充分肯定。康、譚提出孔子托古改制說，企圖從孔學中尋找出自由主義與社會主義的根據。如譚嗣同在《仁學》中，以孔子為「廢君統、倡民主、變不平等為平等」的聖人，他與康有為一樣，也主張建立孔教，企圖將孔子的仁愛學說與西方的自由主義融合在一起。康有為藉《禮記》中的大同說，宣揚歐洲的社會主義和共產主義，也是有融合中西文化的傾向。但他們大多未能擺脫西學在中國「古已有之」的觀點，關於中西文化的溝通，仍停留在表面的比附之上。

革命派代表章太炎在同維新派的辯論中，堅決反對立孔子為教主，認為倡導民權，必須反對孔教（見〈駁建立孔教議〉）。他在其《諸子學略說》中，首次批評了孔孟學說，嗣後又以孔子為歷史學家、教育家以及中國無神論的先驅，而作了肯定。他是革命派中國粹派的代表。其提倡國粹的目的是「激動種性，增進愛國的熱腸」，「提倡國粹，不是要人尊信禮教」（見〈演講錄〉）。後來在與康有為的辯論中，更肯定了孔子在中國文化史上的地位：「世無孔子，憲章不傳，學術不振，則同淪戎狄而不復」。他對傳統文化的肯定與用心，終使他成為近代史上舉足輕重的國學大師。他對西方文化並非全盤肯定，如寫了〈無神論〉一文，尖銳地從邏輯上批評基督教神學關於上帝存在的虛構。孫文雖倡導西學，卻也肯定中國傳統文化，他認為儒家的政治哲學、道德哲學超過西方，並且依《禮記》大同說，提出「天下為公」、「世界大同」作為革命派追求的最高價值理念。孫文對西學並非全盤肯定，他曾尖銳地批評西方的社會達爾文主義，認為是「有強權無公理」的霸權主義，是同「自由、平等、博愛」精神和中國的「道德仁義」背道而馳，「是一種野蠻的學問」（見《孫文學說》）。總之，革命派認為中西文化各有優劣，採取分析的和各有取捨的態度，這超過了維新派中西比附的水平。他們對中國傳統文化的肯定，是從提高民族自尊心和愛國主義立場出發的，對五四前後的文化論戰頗有影響。但如何使傳統文化中的優秀成分現代化，將西方兩大思潮同傳統文化結合起來，以促進中國現代化的進程，革命派同樣沒有解決。

自由主義者與社會主義者團結在民主與科學的旗幟下

國民政府從清廷承襲下來的是一個千瘡百孔的中國，內憂外患並未因改朝換代而獲得緩解，西方列強各自劃定勢力範圍。舊的權威已然瓦解，新的秩序遲遲未能建立，整個中國處於軍閥割據的局面。一九一九年，在第一次世界大戰結束後的巴黎和會上，中國做為戰勝國，竟然再度被出賣：和會決定把德國在山東的利權轉讓給日本。消息傳回國內，舉國嘩然。知識青年集結上街抗爭，風起雲湧的五四運動於焉爆發。

「五四」是一個精神面貌極端複雜的年代。五四青年所面對的，正是一個革命之後國無寧日的混亂政局。在他們看來，自鴉片戰爭以來，洋務運動已積極學習西方的器物，維新運動則嘗試過變法，辛亥革命也完成推翻帝制的目標，為何中國還是處於貧弱衰萎、任由列強欺凌的局面？透過從有形到無形的推衍，他們於是從最根本處對中國傳統文化提出質疑，認為一切病因，皆因老舊傳統在作祟。於是出現對內全面否定傳統文化，對外抗拒帝國主義侵略的強烈訴求。

「五四」從一場學生遊行示威擴大為全國性的、持續性的運動，基本上有兩層意義，其一是愛國主義的發揚，也就是救亡圖存的群眾運動，其總訴求可以概括為「外爭主權，內除國賊」八個字。其次是思想的啟蒙，也就是「新文化運動」，最響亮的口號就是「民主」與「科學」。

「外爭主權」的訴求蘊涵著對帝國主義侵略、壓迫與剝削的批判，尤其第一次世界大戰的慘酷殺戮，更暴露了西方文明血腥、掠奪的一面。西方列強對中國主權的威脅當然是自鴉片戰爭以來就始終存在，但是，過去從洋務運動、變法維新到創建民國，中國進步知識分子一向力主學習西方，「師夷長技以制夷」。第一次大戰那種非理性、大規模的相互屠戮，以及巴黎和會那樣赤裸裸坐地分贓的行徑，不禁讓許多知識分子開始懷疑西方文明的價值，也使他們在價值取向上產生重大的轉變。梁啟超的《歐遊心影錄》和梁漱溟的《東西文化及其哲學》都留下艱苦調整與轉變的痕跡。另一方面，也有不少知識分子認為，西方帝國主義的恣意掠奪是資本主義制度過度發展的必然結果，因此，轉而投向資本主義的對立面。社會主義自此取得在中國生根發展的機會。

五四時期反傳統、反禮教的口號盛極一時，與「內除國賊」的激亢氣氛不無關係。在五四青年的眼中，所謂「國賊」除了親日派政客曹汝霖、章宗祥、陸宗輿等人之外，還包括民國以來稱帝復辟，返古守舊，置國家於危亡落後境地的一切「封建」勢力。五四時期的「新文化運動」以《新青年》雜誌為大本營。《新青年》係陳獨秀創辦，李大釗、胡適、劉半農、錢玄同、魯迅等人先後加入編撰的行列。他們普遍將中國的衰敗歸咎於舊體制的封建殘餘勢力，而舊體制的權威正是根植在傳統文化的權威裡，而傳統文化又以孔教為代表。因此，陳獨秀說：「主張尊孔，勢必立君；主張立君，勢必復辟。」李大釗說：「孔子者，歷代君主專制之護符也。」可見，「打倒孔家店」所傳達出來的訊息，實是對封建體制的厭惡以及對舊權威的不滿。李大釗很清楚這種反傳統文化的邏輯，他說：「故余之掊擊孔子，非掊擊孔子之本身，乃掊擊孔子為歷代君主所雕塑之偶像的權威也；非掊擊孔子也，乃掊擊專制政治之靈魂也。」

也正是在這樣的時代氣氛之下，傳統文化背負了舊體制陳腐、封閉的一切罪責，「西方」和「傳統」的二元對立，於五四時期達到顛峰。陳獨秀在〈敬告青年〉一文描述現代人的生活態度：一、自主的而非奴隸的，二、進步的而非保守的，三、進取的而非退隱的，四、世界的而非鎖國的，五、實利的而非虛文的，六、科學的而非想像的。這固然是延續了晚清以來維新志士「新民」的理想，另一方面卻也將「西方」與「傳統」以截然對立的二組語詞劃分，而形成了往後「全盤西化」的主張與嚮往。

然而，積極主張西化者也因意識形態的歧異而有兩個不同的趨向：其一是以胡適、林語堂、梁實秋等留美學人為代表的自由主義西化派，另一方面則是以陳獨秀、李大釗、魯迅、瞿秋白等深受蘇聯布爾什維克革命所鼓舞的社會主義西化派。這兩者的分歧隨著中國共產黨的成立而逐漸擴大。但是，五四運動期間，他們統一在「德先生」（民主）與「賽先生」（科學）的旗幟下，共同向他們眼中「陳舊、腐臭」的傳統宣戰。其實，在第一次大戰與巴黎和約之後，那些仍然堅決主張向西方學習的知識菁英，已很清楚西方文化的多元性和複雜性，而追求器物的完善終必指向科學精神的發揚，政法制度的建構則終必以民主為依歸。也因此，他們從工業革命以來西方歷史發展的經驗，抽繹出「民主」與「科學」這兩個普遍性的價值，並據以作為中國現代化的指標。

於今回顧五四，我們不得不讚嘆那種思想解放、百家爭鳴的大時代氣象。不僅在「西化派」當中出現一波波勇於批判、獨立思考的知識菁英，那些對西方的價值觀抱持深刻疑慮的「傳統派」文人，又何嘗不是對東、西方文化和現代化的問題做過深刻的自省與思辯！當時，做為現代中國高等學府的北京大學對西化派學者和傳統派文人兼容並包。同時，以胡適為代表的自由主義者和以陳獨秀為代表的社會主義者也不乏對話的機會和空間。蔡元培（一八六八－一九四〇）於五四期間擔任北大校長，他寬闊的胸襟和勇於任事的氣度為學術的獨立與自由提供了基本的保證。其實，蔡元培本身的經歷即是一個轉型期知識分子的典範，他曾經應試科舉，中過舉人、進士，在清廷擔任過翰林院編修，加入過同盟會，參與革命。他又曾負笈德國四年，民國成立後，擔任南京臨時政府教育總長，一九一七年出任北大校長。蔡元培以其尊重學術自主的態度，體現了現代自由民主社會中「寬容」的價值。而跨時代、跨中西的閱歷也使他得以將北大經營成一個百花齊放的園地。

梁啓超對西方的重估

自五四以降，中國的知識界為中國社會的性質和國家發展方向的問題，進行過不知凡幾的論戰，為一個鉅變的時代留下了豐饒而深刻的紀錄。第一次世界大戰後，梁啟超前往歐洲考察，返國後撰成《歐遊心影錄》一書，對西方文化全面重新評價與反思。他在書中鋪陳大戰所暴露出來的文明危機，同時也注意到了西方世界的多樣性及其內在的矛盾。依他的分析，有「哲學上唯物和唯心的矛盾，社會上競存和博愛的矛盾，政治上放任和干涉的矛盾，生計上自由和保護的矛盾。」於今看來，其實就是自由主義與社會主義這兩大思潮的矛盾。這種觀察在當時有突破性的意義。五四以前，進步知識分子對西方的認知無非是十九世紀的資本主義（或自由主義）文明；同時，他們普遍認同從《天演論》衍伸出來的社會達爾文主義，對於中、西文明的比較常常是以「落後」和「進步」為對比。梁啟超的觀察打破了這種成見，一方面注意到西方現代文明中與資本主義形成對立態勢的社會主義思潮；另一方面，因有感於戰後西方文明的危機，而重新審視中國傳統文化的價值，並據以提出「中西互補」的新觀點，其程序是：「第一步，要人人存一個尊重愛護本國文化的誠意；第二步，要用那西洋人研究學問的方法去研究他的真相；第三步，把自己的文化綜合起來，還拿別人的補助他，叫他起一種化合作用，成了一個新文化系統；第四步，把這新系統往外擴充，叫人類全體都得著他好處。」

梁啟超的《歐遊心影錄》是受到巴黎和約的刺激而寫成的，其中不無「外爭主權」的悲願，其精神與五四青年應是相契相應的。然而他在文章中抬出「孔、老、墨三位大聖」，稱頌他們是「求理想與實用一致」的典範，終使他與康有為、嚴復等人同樣被五四新青年列為「老古董」。這些晚清的維新志士目睹民國肇建後整個社會一片殘破、墮落、失序的景象，寄望從類似西方基督教的宗教情懷中重建傳統的信念，於是成立「孔教會」，推動將儒教列為國教的運動。這與聲嘶力竭吶喊「打倒孔家店」的激進青年當然成為截然對立的陣營。

東西文化論戰與科玄論戰

一九二一年，獲蔡元培延攬為北大講席的梁漱溟（一八九三－一九八八）出版《東西文化及其哲學》，隨即爆發一場延續多年的「東西文化論戰」。梁漱溟融合了《周易》的宇宙觀和柏格森（Henri Bergson, 1859-1941）的生之衝動，既剖析了過去有關東西文化競存或調和的主張，同時論證了中國文化復興的必然與必要。他與梁啟超一樣，也注意到了西方文明的危機，認為西洋社會無止境的經濟競爭、生存競爭，將導致在生活型態上「以對物的態度對人」。隨著經濟的發展，人類從「物質不滿足時代」轉入「精神不安寧時代」，又因為「物質不足必求之於外，精神不寧必求之於己」，西方的路到此走到盡頭，中國文化則適合於人類未來發展的趨勢。因此，他主張為適應世界未來文化的發展，我們應該「批評的把中國原來態度重新拿出來。」梁漱溟從中國文化在現代化進程中所可能扮演的角色，以及中國文化如何參與到世界文化等發展性的觀點，試圖賦傳統予新意，並以批評的態度，完成復興文化、創新傳統的使命。他對中國文化的信心和積極的態度，可以說是當代「新儒家」共通的一個出發點。然而，主張文化復興的梁漱溟對社會主義在中國的發展並不排斥。因此，他在三十年代發起「鄉村自救運動」，基本上是對掠奪性資本主義的反感，甚至斷言：「近代資本主義的路，今已過時，人類歷史到現在已走入反資本主義的階段，所以不能再走此路。」

一九二二年，張君勱（一八八七—一九六九）以〈歐洲文化之危機及中國新文化之趨向〉為題在「中華教育改進社」講演，從對西方文化危機的檢視導引向中國文化發展方向的探索，基本上延續了梁啟超、梁漱溟等人的思路。張君勱先後留學日本、德國，對康德哲學下過相當深的功夫，回國後同樣任教於北大。他對政黨活動十分積極，早年參與過梁啟超的「政聞社」活動，民國初年組織「民主黨」，後來又創辦「民主社會黨」並擔任黨主席。做為活躍的政治組織者，他在探討文化問題時，比較務實，也比較重視其可操作性。在政治上，他強調政治家的角色，「政治家須有一定之政策，時時演說於公眾；政治家本守法之精神，依政策之行不行為進退。」在文化上，他則強調「文化之擔負者」（Kulturtraeger）的責任，「新文化之要件在解放，故人人當從自己解放起；新文化之要件在自立，故人人當從不依賴他人做起；新文化之要件在勞動神聖，故人人當從自食其力做起。」對於當時人云亦云的「新文化運動」，這是相當明朗而貼切的定義。張君勱更進一步從康德哲學出發，對於民族文化的發展提出相當具體的主張，他說：「文化為物，發之自內，由精神上之要求，見之於制度文章；其性質為自我的、獨立的……故吾國今後新文化之方針，當由我自決，由我民族精神上自行提出要求。」當時批判孔教舊學蔚為風潮，而於西方文化卻鮮少以批評的眼光對待，他深深不以為然。他認為「西方人生觀中如個人獨立之精神，如政治上之民主主義和科學上之實驗方法，應儘量輸入。」然而，「儘量輸入，與批評得失，應同時並行。中國人生觀好處應拿出來，壞處應排斥他，對於西方文化亦然。」

一九二三年，張君勱在一個題為〈人生觀〉的講演中，對於當時盛行於知識圈的科學主義和社會達爾文主義提出批判，引爆了一場科學與人生觀問題的論戰，也有人稱之為「科玄論戰」。張君勱對這種科學萬能的風潮提出質疑，指出科學有其侷限性，認為人生觀、直覺、自由意志都不是科學能夠解釋的。張君勱的提法一方面是受到康德理性批判的影響，一方面也源於他對社會主義的同情的了解。披上科學外衣、強調適者生存的社會達爾文主義，在西方社會事實上成為放任自由主義和掠奪性資本主義擴張的工具。

梁啟超、梁漱溟與張君勱所代表的思路其實可以與——以胡適為代表的——自由主義西化派及——以陳獨秀、李大釗為代表的——社會主義西化派鼎足而立。他們既不像西化派將傳統文化當作封建勢力的代罪羔羊，也與強調綱常名教、死抱傳統不放的守舊分子不同。他們對傳統文化有同情的了解，對西方文化則在看到其優點之餘，也看到其缺點。譬如，梁啟超在《歐遊心影錄》中對自己長期信仰的社會達爾文主義提出反省，認為這種鼓吹生存競爭的學說激化了侵略戰爭，也導致第一次世界大戰的浩劫。他說：「科學愈昌，工廠愈多，社會偏枯亦愈甚，富者愈富，貧者愈貧」，同時預言：「社會主義，恐怕是二十世紀唯一的特色，沒有一個國家能免，不過爭早晚罷了。」換言之，無論對傳統或西方，梁啟超、梁漱溟與張君勱都採取既非全盤肯定，也非全盤否定的態度，他們的基本立場比較接近於孫文，既珍視傳統，對西方思潮又能夠有動態的、辯證的了解，既同情社會主義，也不排斥自由主義。他們獨立思考、自主行動的風範已隱約浮現出「文化主體意識」的立場。

社會主義在中國成為主流思潮

五四時期，國人眼界大開，西方工業革命後的各種思潮匯流到中國，然而證諸歷史發展，則以社會主義對中國現代史影響最為巨大。社會主義思潮中有尊奉克魯泡特金為西方聖人的無政府主義者，以留法的李石曾和留日的劉師培為代表；有奉馬克思、列寧為革命導師的共產主義者，以陳獨秀、李大釗等中國共產黨的創黨人為主導。在早期，無政府主義者有較大的渲染力，中國是透過他們了解西方社會主義的傳統。直到一九一八年「十月革命一聲炮響」，給予苦悶的中國知識分子極大的鼓舞。列寧首先伸出友誼的雙手，宣稱將放棄所有在中國的特權，贏得中國人民的好感。李大釗隨即發表了〈法俄革命之比較觀〉、〈布爾什維克的勝利〉等文章，論述資產階級革命和社會主義革命的性質。一九一九年五月，也就是五四青年在北京遊行示威之際，他又發表了〈我的馬克思主義觀〉長文，開始以實踐革命的觀點，系統地介紹馬克思主義學說。

一九二一年初，第三國際殖民地委員會秘書馬林抵達中國，受到進步知識分子的熱誠接待。七月，中國共產黨成立。一九二三年一月，孫文與蘇聯代表越飛在上海發表聯合聲明，確定「中國當得俄國國民最熾熱之同情，且可以俄國援助為依賴」，十月，蘇聯共產黨人鮑羅廷到廣州，協助孫文進行國民黨的改組。確定聯俄、聯共、扶助農工等三大政策。一九二四年一月，國民黨舉行改組後的第一次全國代表大會，李大釗即成為加入國民黨的第一位共產黨員，並列名國民黨中央委員，瞿秋白、張國燾、毛澤東則為候補中央委員。

值得注意的是，社會主義在初始時並不是做為自由主義的對立面引進中國，毋寧是知識青年有意識的「另外一種選擇」。也因此，在五四運動期間，社會主義者可以和代表自由主義的胡適等人共為民主、科學而奮鬥。之後，又很自然地與現實政治勢力結合，終以「國共合作」為五四畫下了句點。而國民黨內菁英階層對社會主義並不排斥，孫文本人也主張採行社會主義政策。因此當時的國民黨應屬中間偏左政黨。這樣的情形其實不難理解，就如同法國的啟蒙運動以一七八九年大革命為終結，當時代表勞工階級與女性主義者的進步力量皆寄希望於第三等級。直到一八四八年二月革命後，由於勞工階級受到資產階級政府的血腥鎮壓，社會生義者才走上無產階級革命鬥爭路線。同一年，馬克思發表《共產黨宣言》，階級鬥爭成為時代的主軸。同樣地，一九二五年孫文去世後，國民黨內部由於權力傾軋，而於一九二七年四月展開清黨，掃射屠殺示威群眾，大肆搜捕左翼人士，共產黨方才走上階級鬥爭路線，國、共對峙的歷史場景從此拉開序幕。

蔣介石發動清黨後，在國民黨內部取得定於一尊的地位。但是，他出身日本士官學校，滿腦子充斥軍國主義思想，對異己分子極端不寬容，比之清廷西太后，有過之而無不及。與戊戌政變中受難的六君子相比，蔣介石赤裸裸的清黨屠戮，根據當時英文媒體《密勒氏評論報》（China Weekly Review）的估計，在五千人以上。蔣介石的不寬容，將左翼人士逼向全面造反、奪權的革命路線。

社會主義者對自由理念的嚮往

其實，中國共產黨的先驅，如陳獨秀、李大釗，早期都傾向於愛國主義和激進革命民主主義，他們批判腐敗官僚，呼籲振興中華。陳獨秀主張科學與人權並重，「如舟車之兩輪」。他對來華講學的杜威相當客氣，只是批評杜威的民主觀念「還有點不徹底」。《新青年》說明要「打倒孔家店」，乃是因為獨尊儒術的傳統與「自由平等」的思潮牴觸。而自由、平等的理念，在工業革命以來的西方思潮中，始終是自由主義的核心價值。李大釗一篇題為〈自由與秩序〉的文章中說：「個人主義與社會主義絕非矛盾……真正合理的個人主義，沒有不顧社會秩序的；真正合理的社會主義，沒有不顧個人自由的。」而個人主義也是自由主義的內核。在陳獨秀之後一度擔任共產黨領導人的瞿秋白，則基本上是一個傾心於文學的青年，他自述在思路上走向共產主義，是因為馬克思主義的共產社會是「無階級、無政府、無國家的最自由的社會」。這種對自由的高度嚮往，比較接近於文學的浪漫情懷，而不是對主義的堅定信仰。

蔣介石對共產黨的一再圍剿，反而堅定了毛澤東等人進行共產革命的信心。兩萬五千里長征證明了中國的確有一批對共產主義堅定不移的信徒，毛澤東從而醞釀出人民戰爭的新觀念。然而，在早年的書信中，毛也寫道：「愚於近人，獨服曾文正」，可見他對以曾國藩等人為代表的洋務運動，曾給予相當高的評價。五四時期毛澤東所發表的文章，都還可以看到嚴復、梁啟超、譚嗣同，乃至蔡元培、胡適等人駁雜的影響。後來毛澤東在其岳父楊昌濟的指導下，還曾經研讀了波爾森的《倫理學體系》（蔡元培翻譯）。波爾森（Friedrich Paulsen, 1846-1908）是近代德國重要的教育學家，其哲學思想深受康德影響。可見，作為一位活躍、進步的知識青年，毛澤東對近現代史的重要人物、思潮，曾廣泛涉獵。這種對當代社會的用心與關心，正是他旗幟鮮明投入戰鬥的基礎。法國知識界喜歡用「engagement」這個字眼來表達一種強調主觀能動性的參與，尤其指知識分子以言論和行動介入社會活動，對特定事件表達個人的立場和態度。毛澤東所代表的正是當年眾多社會主義青年「engagement」的一個典型。相對於蔣介石等當權派在思想上的枯萎和理想上的墮落，似乎也標示了往後雙方不同的發展格局。

一九二一年，中國共產黨成立之後，毛澤東即積極投入組織工作。一九二三年，在一篇題為〈北京政變與商人〉的文章中，毛指出：「因歷史的必然和目前事實的指示，商人在國民革命中應該擔負的工作，尤為迫切而重要……商人的團結越廣，聲勢越壯，領袖全國國民的力量就越大，革命的成功也就越快！」也就是說，即使作為共產黨人，毛澤東在當時對資產階級革命都還寄予厚望。直到一九二六年，毛澤東才在〈國民革命與農民運動〉一文中提到「農民問題是國民革命的中心問題」，確定以農村作為革命的出發點，中國共產革命自此走上獨特的發展路線。因此，當毛澤東在一九三五年提出「馬克思主義中國化」的命題時，並不令人驚訝。他說：「今天的中國是歷史的中國之一發展；我們是馬克思主義的歷史主義者，我們不應該割斷歷史，從孔夫子到孫中山，我們應該給予總結，我們要繼承這一份珍貴的遺產。」他批評洋八股、教條主義，認為馬克思主義固然是來自西方的重要思潮，要將其運用到中國的具體環境，就要儘量使其中國化，「使之在其每一表現中帶著中國的特性，即是說，按照中國的特點去運用它。」

從「馬克思主義中國化」到「建設有中國特色社會主義」

毛澤東在一九三五年長征途中所召開的遵義會議上取得了黨內的領導地位，繼而提出抗日民族統一戰線的主張，結束了長期彌漫於黨內的「右傾機會主義」和「左傾教條主義」的爭執。翌年發生西安事件，蔣介石被迫接受「停止內戰，聯合抗日」，國共再度合作。毛澤東於抗戰期間發表了〈實踐論〉、〈矛盾論〉、〈中國革命和中國共產黨〉、〈新民主主義論〉等重要的革命理論篇章。一九四五年中共七大將毛澤東思想明定為全黨的指導思想，毛澤東自此在中國共產黨內取得定於一尊的地位。

在〈新民主主義論〉裡頭，毛澤東不贊成孫文將「政治革命、社會革命畢其功於一役」的主張，他將中國革命的歷史進程分為兩步，即民主主義革命與社會主義革命。他將辛亥革命定位為「資產階級民主主義的革命」，是一個「尚未成功」的革命。而抗日民族統一戰線、國共內戰，以至一九四九年新中國的建立，則屬於「新民主主義革命」階段。這期間由於毛澤東堅持農民革命的路線切合中國社會實際上以農民占主體的現實密切結合，因而也取得空前的勝利。相反地，新中國建立後，由於斯大林主義與一面倒政策的影響，一九五六年過早地宣布三大改造完成，一九五七年開展反右鬥爭，將自由主義推到社會主義的對立面，一九五八年搞三面紅旗，這無不與中國現代化的歷史走向徹底決裂。一九六六年毛澤東發動文化大革命，破四舊、立四新，傳統文化遭到空前的摧殘，為國家和人民帶來嚴重的災難，生產停滯，建設落後，中國的現代化走入了歧途。

直到一九七八年十一屆三中全會後實施改革開放，糾正僵化的極左路線，強調「解放思想，實事求是」，並確立社會主義的本質是解放生產力、發展生產力，允許部分人、部分地區先富起來，最後達到共同富裕的理想。鄧小平繼而提出「建設有中國特色社會主義」的理論，並在一九九二年的中共十四大規定為全黨的指導思想。鄧小平所強調的「實事求是」，是毛澤東在三十年代即一再提出的；而「建設有中國特色社會主義」，與毛澤東所主張的「馬克思主義中國化」也有一定的繼承關係。這樣的觀念，事實上是幾十年的摸索、試誤和經驗積累才獲得的一個結論，是中國人民在經歷無數苦難之後才獲致的一個現代化的指標。

社會主義與自由主義發展的文化條件

其實，現代化的歷程是相當曲折而艱辛的，西方的現代化也是經過三百年的摸索才有今日的成績。雖然各個民族現代化的途徑不盡相同，先進國家的歷史經驗卻也有許多值得我們借鑑和學習的。西方所面對的現代化挑戰事實上是工業革命所帶來的，隨著工業革命而來的生產力解放，使得西方的「舊體制」（Ancien Régime）遭逢前所未有的衝擊，自由主義思潮正是因應新興工商業而產生，在政治上推翻了封建特權階級，在經濟、社會、文化方面也迭有創新。社會主義在十九世紀的興起，則基本上是因應自由主義高度發展所帶來的弊端。自由主義和社會主義是西方工業化過程中所產生的兩大思潮，兩者之間既有對立，也有繼承的關係。中國不談工業化則已，一旦接受工業化，就不能不正視自由主義與社會主義這兩大思潮以及其彼此間的對立與互動。

社會主義在中國的發展有其特定的歷史條件。一百年來，中國面對的是飽受列強欺凌、軍閥割據的殘破山河，工業化才剛剛萌芽，對資本主義世界依然十分陌生。就歷史進展的軌跡來看，社會主義革命在中國實在是相當倉促的選擇，缺乏與自由主義辯證發展的過程。然而社會主義在中國被接受並成為主流意識形態，則有其特定的文化背景因素。中國長期受到帝國主義壓迫，對於標舉反帝的社會主義當然有所好感。而作為第一個社會主義國家的蘇聯又率先宣稱將放棄在華特權，贏得中國人民的歡迎，因而社會主義在中國被視為人類新希望之所在。

然而，社會主義在西方思想史上原是針對自由主義的流弊而提出，亦即，其發展是經過一個漫長的、與自由主義對話的歷程，是一種辯證的發展。在中國，卻缺乏這樣的一個歷程，從毛澤東晚年號召全黨學習《張魯傳》看，中國的社會主義實際上是古代農民革命平均主義式的社會主義，自由主義在中國的傳播尚未真正開展即已夭折。從洋務運動到變法維新，我們對西方的模仿、學習從器物層面提升到政法層面，到五四運動則以「科學」（器物）、民主（政法）為總結。活躍於五四的知識菁英已有許多是留洋歸國的學者，自由主義的重要著作也有多部已經翻譯出版，應該已有條件從器物、政法的層次進入到更根本的哲學思想層次。事實上，五四的言論中的確已觸及發展獨立自主人格的問題。然而，五四的救亡激情終究淹沒了理性的訴求，不僅未能進一步鼓吹發展獨立自主的人格，反而是以歸咎大傳統、批判大傳統，而轉繼承中國歷史上反覆出現的農民革命的小傳統，甚至否定傳統為基調。自由主義的內核，如重視個人價值、人性尊嚴、人格的自由、自律、自主、尊崇理性等主張未受到應有的重視，而這些基本價值卻正是歐陸啟蒙運動的主要內涵。西方世界正是經過啟蒙運動的洗禮，結束舊體制，跨入現代化的社會。

其實，自由主義的孕育需要特定的土壤和氣候，需要一個較為和平穩定的發展空間。以最早出現自由主義思想的英國來說，英國是在一六四九年英王查理一世被處決之後，政治、經濟、社會進入一個相對穩定的局面，洛克、亞當斯密、邊沁等思想家才相繼在這一段時間發展自由主義的理論架構。除了洛克有「革命權」的提法外，一般的自由主義者皆不主張以革命來達到政治改革的目的。

自由主義的主要訴求是有限政府、天賦人權——主張人生下來即擁有不可讓渡的權利，自由、生命、財產皆屬天賦，不可恣意剝奪。自由主義也堅決反對無限政府的概念，反對絕對王權（Absolutism），認為政府不能為所欲為，不得濫用公權力，政府的責任在於保障人民的天賦權利不受侵犯。很不幸，中國的近現代史長期陷於兵荒馬亂，缺乏孕育自由主義所需要的土壤。所謂「緊急狀態之下無法律」（necessitas non habet legem），在內憂外患的情境下，為了維護國家統一，抵禦外族侵略，國家長期處於「緊急狀態」，政府的權力無限擴大，乃至可以為所欲為，自由主義的根苗得不到伸展的空間。

十九世紀的德國也有類似的處境。在十九世紀三十年代，德國的自由主義和民族主義兩股力量原是勢均力敵、不相上下。然而，在一八七〇年普法戰爭之後，整個德國即往民族主義傾斜。日本又何嘗不是如此：作為明治維新時期重要思想家的福澤諭吉，早期是典型的自由主義者，到晚年由於征韓論高唱入雲，也變成國家利益至上的民族主義者。

重建文化主體意識

「馬克思主義中國化」以及「建設有中國特色社會主義」的論點，其實也指出：就如同社會主義不必然是自由主義的對立面一樣，傳統文化與西方文化也不是截然對立的，「全盤西化」和「回歸傳統」在現實上都是不切實際的提法，不管是堅持哪一方，都可能造成民族的災難。三十年代中也出現過類似「中國本位的文化建設」、「科學的文化建設」等折衷的觀點，但是，中西文化問題不能兩者折衷就一了百了，各種形式的「折衷派」都表現出不同程度的含混與糾纏。我們所認識到的是：傳統文化與西方文化的確是兩個不同的範疇，彼此的拉鋸是每個時代都要復歸的主題。一個有趣的現象是：全球化的腳步越是擴大，文化特殊性的要求反而越為凸顯。這種文化多元化的現象，一言以蔽之，即是「文化主體意識」的覺醒。大陸於九十年代掀起的國學熱，或許也可以歸於這樣的世界潮流。各個國家、各個民族在追求現代化、全球化的同時，其發展策略絕不能與該地區的現實脫節，也決不能與該民族的文化傳統脫勾。

近百年來，特別是五四以來，我們的文化主體意識淡薄了，因為輕視傳統，甚且否定傳統，以致面臨問題時，不知何所適從。直到改革開放以來，在振興中華的號召下，隨著經濟上創造出傲人的成就，民族的自信心、自尊心與文化主體意識才逐漸恢復。到底什麼是「文化主體意識」？文化主體意識是指一個民族自覺到其所擁有的歷史傳統為其所獨有的，並對此歷史傳統不斷做有意識的省察，優越之處予以發揚光大，不足之處奮力加強，缺失之處則力求改進。也就是對自己的民族文化重新予以認識，從而接受傳統、承認傳統為我們所自有、獨有、固有的，進而批判傳統、超越傳統，從而創新傳統。

其實，我們可藉由個人人格自由發展的意義來了解民族文化自由創造的真諦，因為民族做為一個文化創造的個體，其文化的自由創造即相當於個人人格的自由發展。對個人來說，「自由」可以從時間的三個向度（即過去、現在與未來）來理解。「過去」若從時間序列來看，是已被決定的；但若從個人實踐自由的角度來看，「過去」則應理解為「已實踐的自由」，正因為是「已實踐的自由」，是自己所做的決定，因此吾人必須對過去負責。「現在」是「正在實踐中的自由」。「未來」則是「尚待實踐的自由」。對一個做決定的主體而言，單純的「現在」毫無意義。「現在」只有處於「過去」與「未來」之間，才有意義。尤其「過去」更是「現在」與「未來」的基礎。人格的自由發展必然是奠基於對道德主體本身的「過去」的不斷反省、檢討、批判和重新評價之上。從自己的「過去」自我學習，吸取教訓，這種「過去」才是鮮活的、有新義的，也才能不斷影響現在的決定和對未來的規劃。

對整個民族而言，「過去」是民族的歷史傳統文化；「現在」是民族在生存發展的過程中，於關鍵時刻所做的決定；「未來」則是全民族共同奮鬥的理想與目標。一個民族的文化自由創造也必然是奠基於對自身傳統文化的不斷反省、檢討、批判和重新評價之上。易言之，我們絕不僅僅是傳統文化的承襲者而已，我們更肩負著檢討、批判與創新文化的責任；我們不只是被動地、無意識地承受傳統文化的「客體」而已，我們更是重新評價傳統文化，進而創新傳統文化的「主體」。如此的傳統才是鮮活的傳統，如此對「過去」負責的文化創造，才是真正的文化自由創造。而這一切都得從喚醒全民族有意識地接受、有意識地承認我們的傳統文化之為我們所自有、獨有、固有的做起。

傳統文化可以成為現代化的助力

海禁大開以來，中國面臨一個亙古未有的大變局，現代化成為中國無可迴避的挑戰，而西方現代化的過程是我們不能不參酌鑑照的歷史經驗。然而，中國近現代史上對西方思潮的引進卻相當片面，不僅在深度、廣度上都遠遠不及日本。甚至與南韓比較，都顯得相對薄弱。主要是因為中國近現代史上，內憂外患不斷，學術在國難當頭之下，未能取得從容、自主的發展空間。尤其在四九年以後的大陸，由於強化以馬列主義為主導，在極左教條主義的干擾下，計畫經濟的觸角進而伸入學術領域，翻譯西方著作常須配合現實的需要，加上極左風潮彌漫，意識形態的箝檢越來越為苛刻，知識分子動輒得咎，學術空間受到嚴重擠壓。在這段期間，由於羅織成風，多位在四九年前即已聲名大噪的學者，如梁漱溟、熊十力、陳寅恪、馮友蘭等人，或者幾乎處於喑啞狀態，即使有著作，也必須以極為隱晦的方式表達，或者受到批判，甚至在高壓下被迫歸順，失去自我。如此窒悶、寒冽的氣候，直到改革開放後，才在解放思想、實事求是的政策下，慢慢解凍。

內憂外患和政治運動不斷，使我們在引進西方思潮時流於片面，比起東鄰的日、韓等國，現代化腳步相對遲緩。其實，現代化並不等同於西化（當然也不等同於歐化或美國化）。因為現代化不是單一的途徑，而是有不同的類型與進程，各民族應該自主地選擇適合自己的現代化道路。追求現代化不能脫離傳統，全世界沒有任何一個國家可以徹底否定自己的文化傳統，而能夠完成現代化的。德國和日本即是自覺、自主地完成現代化的鮮活例子。它們現代化的成功都是立足於傳統，由自己直接掌握全民族發展的方向，印證文化的主體性。但是，現代化也不能墨守成規，緊抱傳統不放，而是根植於對傳統的確實認識、認真檢討、重新評價，而後有方向、有重點地規劃屬於自己的現代化藍圖。這種立基於文化主體意識上的傳統，非但不是現代化的障礙，更可以成為推動現代化的助力。

建設有中國特色社會主義

總結中國近現代輸入西方思潮的經驗，我們有過太多的挫折與教訓。所幸，自一九七八年大陸實施改革開放政策以來，二十多年的持續發展總算為中國的工業化、現代化奠定穩固的根基。一個新的世紀即將來臨。值此世紀之交，中國的工業化也許有所延宕，面對隨工業革命而來的自由主義和社會主義，卻是我們應該重新省思的時候了。而自五四以來有關傳統文化和西方文化的爭議，我們如今也有比較舒緩的空間和長期積累的經驗來做更細膩的比對與探討。

從文化主體意識的角度來看，社會主義是針對自由主義的流弊而產生，兩者存在著批判繼承的關係。自由主義的部分內涵事實上已成為社會主義的「傳統」。譬如，自由主義的發展是源於對封建貴族的抗爭，對自由、民主的價值當然特別重視。而自由、民主又何嘗不可視為社會主義的資產。列寧曾說：「勝利了的社會主義如果不實行充分的民主，就不能保持所取得的勝利。」這樣的聲音何其熟悉！我們不也聽到做為改革開放總設計師的鄧小平如此說道：「只搞經濟體制改革，不搞政治體制改革，經濟體制改革也行不通。」

中國大陸經過百餘年坎坷困頓的摸索，於今終於確定以「建設有中國特色社會主義」做為現代化的目標。「建設有中國特色社會主義」所主張的「社會主義」，當然不再是過去那種僵化的教條，而是一種更為圓融、成熟的社會主義，是真正以歷史的、辯證的觀點來看待工業社會新思潮的生成與發展。因此，大陸今天可以很坦然、自信地接受「社會主義市場經濟」，不再過份化約地將市場經濟等同於資本主義，更不再認為凡是資本主義社會中的事物，即是不合理。同樣的，大陸也可以有步驟地進行民主法治建設，對於代議民主政治，不再以「資產階級民主」一句話即全面拒斥與否定，建設「社會主義法治國家」已成為現階段的重點工作。「有中國特色社會主義」要承認中國社會主義發展的條件與西方有重大的差異，我們要的「社會主義」必須能夠批判繼承「自由主義」良好的、合理的成分，這也就是為什麼「中國將長期處於社會主義初級階段」的原因所在。

至於所謂「有中國特色」，則是指必須與中國的實際狀況相結合：既不能脫離中國當前的現實，要解放思想，實事求是；也不能脫離中國的優秀傳統文化，優秀傳統文化是完成國家現代化的精神資產，而不是負債。早在三百年前，像萊布尼茲、伏爾泰、吳爾夫、席勒等啟蒙運動的健將，莫不以中國作為尊崇理性的範例推介給他們同時代的歐洲民眾。沒有教會的中國都能發展出極其文明的典章文物制度，對他們來說，這就是理性力量的顯現。而孔子所開創的儒學正是中國優秀傳統文化的主流思潮，儒學中這種講理、崇理的態度則可以成為吾人與西方兩大思潮相會通的依據。今即以儒學為例，略論中國文化主體意識與自由主義、社會主義的結合之道。

首先要指出的是，儒家的道德哲學（尤其有關人格自由、自律與尊嚴之說）與政治哲學（尤其是民本思想），通過創新，可以會通自由主義、並補西方自由主義之不足。儒家講「仁」，強調人與人之間的對待關係，因此「自由」並非為所欲為的自由。自由不僅要受社會規範的節制，也應受到道德責任感的約束。立足於人格的自我完善，才能真正落實自由主義的理想，否則將出現富者愈富、貧者愈貧、強凌弱、富欺貧的流弊。而儒學中「民惟邦本，本固邦寧」的民本思想則應是一切國家制度的基石。將民本思想予以更新，揚棄世襲君主政體，也可以與民主政治相會通。讓民主化植根於「民心」之中，「得民心者昌，失民心者亡」，確保民主政治免於受到金權與黑道的操縱。

其次，儒家倡導的均平原則和群體為上原則，通過創新，拋棄其封建等級制度，可以通向社會主義，並補西方社會主義之不足。孔子強調「不患寡而患不均」，落實均平原則可以縮小現代化進程中貧富懸殊的差距，有助於社會的和諧與安定，同時保護個人的生存權利和各階層應有的利益，「使百姓各得其所宜」。至於儒家倡導的群體為上原則，以家族或家庭為中心，推廣到國家與天下，尤其提倡推己及人的美德，必要時可為群體利益而犧牲個人利益，所謂「殺身成仁」。在家族中重視恤老扶幼，互通有無，把這種思維方式推廣到整個國家，就可以與現代社會保障體系相會通。此種價值觀將個人的合理利益同社會全體成員的共同利益結合起來，形成一種有中國特色社會主義的價值觀，解決了西方傳統中個人與社會相互對立的問題，即揚棄了或有個人而無群體、或有群體而無個人的二元對立思維模式，有助於人類新道德的建設。

如今，我們要振興中華，先得恢復民族的尊嚴與自信心，而這又得從重建「中國文化主體意識」做起。唯有立基於中國文化主體意識，重新認識傳統、批判傳統、創新傳統，在進行工業化的同時，我們才能夠很有主體性地吸收自由主義和社會主義這兩大思潮的合理成分，及時解決我國在現代化過程中所遭遇的問題，從而屹立於世界先進國家之林。

附錄

心無羈絆，自由翱翔

——朱高正獄中側記

「如果參不透，人生何處非牢籠？要是參透了，哪兒也牢籠不住我自由的心靈。」這是朱高正此次入獄服刑，在踏進鐵牢，聽到牢門緊閉時發生巨響的剎那，腦際閃過一道靈光而頓悟出的人生真諦。

朱高正是推動臺灣民主化的先驅，素有「民主戰艦」之稱。一九八七年，為了國會全面改選而引發的「肢體衝突」令人印象深刻，至今猶為人們津津樂道。惟令人遺憾的則是一向自負且極富理想性格的朱高正在完成階段性的任務後，即逐漸的在政治舞臺失去了蹤影，並且還淪為昔日盟友的階下囚。而民主改革之路亦在一心想攬權的李登輝及智慮淺短的民進黨人士交互勾串下，走向歧途。當初他們各懷鬼胎，只為一黨，甚至一己之私而置憲政體制於不顧，如今卻得面對混亂的局面，嚐盡苦頭。面對這種亂局，也許是朱高正當初推動臺灣民主化所始料未及的吧！何況他也已無力可挽狂瀾，並且還要為他過去的奮鬥，付出坐牢的代價。

要民主，且要全中國也民主，是朱高正從政的一貫主張，因此與民進黨內部的獨派人士，在理念上格格不入，自然成為被鬥爭的對象。尤其當時紅透半邊天的朱高正成為渠等推動臺獨的主要障礙，必欲除之而後快，即不言可喻了。一九八九年立委選舉，時任民進黨秘書長的黃爾璇在有心人士的慫恿下扮演著剷除朱高正的馬前卒，造成朱高正超高票當選（其得票超過國、民兩黨四位提名人的得票總和），卻不得不退黨的結局。同時黃爾璇也因惱羞成怒而控告朱高正違反選罷法，纏訟逾十年。

隨著朱高正的當選，官司即如影隨形，一年拖過一年，法院的卷宗則堆積如山，對當事人而言，造成莫大的困擾。卸下立委職務的朱高正，幾經思考後，認為不應為此小案而浪費寶貴的司法資源，並讓控方耿耿於懷長達十年之久。於是，為此案首次出庭時，當庭便向審判庭表明，願放棄上訴機會並請求判處有罪

（否則，黃必又上訴）。朱高正的一席話不但令在場者動容，法官亦如其所願，判處一個月有期徒刑結案。

宣判後，朱高正偕夫人把么兒送往俄羅斯就讀，復轉往德國參加「全球華人反獨促統大會」，並回母校波昂大學探望師友。原訂九月九日參加並主持乾兒子的婚禮後便自動向檢方報到。不料，他九月四日返臺，在入境大門即遭航警局以「違反選罷法」通緝在案逮捕，並連夜移送桃園監獄，入獄服刑。

入獄服刑，對朱高正而言已有盤算。只是令人費解的是地檢署未經正常程序即發出通緝令，何況刑期不過是一個月而已，有必要如此煞費周章且急急如律令不可嗎？早在七月下旬，朱高正還委託律師向檢方提出申請，表明將於九月十日自行報到，但卻遭拒，真是令人匪夷所思！後來，經打探始知係來自黃爾璇的壓力所致，這也難怪檢方的作為了。

朱高正入獄的消息傳出後，引起各界的關切，各種臆測紛傳，莫不直指執政當局。但朱卻無意藉機渲染，反而大費口舌的解釋整個事件的原委與始末。而他的坦然面對不僅獲得高度肯定，在民間的支持率亦不降反升。其實，最高興的莫過於年已八十二歲的朱媽媽了。尤其朱高正入獄期間，來自各地親友及支持者的慰問，紛至沓來，看在老人家眼裡，不僅一洗初時的擔心受怕，更欣然目睹了兒子的聲名不墜而笑顏逐開。

另一位讓朱高正擔心的老人家則是他的岳母。裘媽媽也是年近八旬的老人，在獲知女婿入獄的消息後也是憂心忡忡，愁眉不展。後經朱高正的小舅子夫婦的開導，說：「姐夫研究易經多年，功力很高，當知謙沖自處之道，必能適應監獄的環境。」朱高正的小舅子夫婦都是研究易經的碩士，所言甚為裘媽媽所理解而接受，當下即能轉悲為喜而了無掛礙。

一個月的牢獄生涯，對坐過政治牢的人而言，不算長，但對朱高正而言，無疑是補足了「政治資歷」。況且坐的是民進黨政府的牢，又是為反臺獨而坐，在某種程度而言，意義就更大了。甚至有人認為，朱高正從政以來，坐的不是一黨專政時代的國民黨黑牢，反而是新政府成立後的政治牢，顯然是一大諷刺。

儘管只有一個月的時間，但對從未嚐過鐵窗生活的人而言，也是一大考驗。朱高正表示，他在入獄前即已做好心理準備，並且擬定了三項工作計劃，就是讀書、寫書及運動。所以，他在獄中過得既充實又有規律，並獲獄方管理人員的佩服與尊敬。他不但在獄中潛心研讀《春秋經》，還完成十萬字的《獄中自白》一書，其間，他還按時運動，出獄時竟如預期的減重了足足三公斤。

其實，朱高正在獄中最大的收穫除了上述得以如願以償的完成既定的計劃外，即屬在獄中的自省所得了。他說，一個月的時間，讓他徹底的檢討了過去四十六年的是非成敗，反省了行事風格的得失利弊。其中，在為人處事上，他總認為眾生平等，每個人的資質不論智愚賢不肖都一樣，他能做到的，別人也一樣可以做到，做不好就是不夠努力，因而經常無意間得罪人，這是不對的。經過這次獄中的洗禮，有此體悟，不僅益顯其圓融通達，簡直有如脫胎換骨一般。

他說，想法有此改變，主要還是拜研讀《易經》所賜。從前他只是讀懂而已，如今卻能真正的體會其真義，並且幫助他在獄中渡過漫漫長夜，調適心境，可謂功同再造，不愧是智慧的寶典。

有人擔心，朱高正吃不慣牢飯。其實，朱高正是一位克己守法且自律甚嚴的人。在獄中，從不耍特權，有人從外面送來豐盛的菜餚都為他所婉謝，或轉贈他人；記者採訪，他也予以謝絕，絕不為難獄方；甚至連自己太太探監也都按一般會面手續辦理。他說，既然坐牢，就要吃真正的牢飯，並嚴守獄方的戒律清規，這樣才能真正體驗個中的滋味，從而領悟人生的哲理。

十月四日，朱高正刑期屆滿出獄，前來接獄的親友頻頻告誡，莫回頭，不要說再見。咸認這是一般出獄者的最大忌諱，然而，充滿「道喜」，輕鬆自若，猶如春繭破殼般的朱高正則表示：「不以物喜，不以己悲，只要心無羈絆便可自由翺翔，不必在乎世俗的禁忌。」因此，在他出獄滿一個月的今天，重返桃園監獄，致贈「惠我良多」匾額向獄方表示感謝照顧之意，讓他不虛此行，得以在自省中提升自己，超越自我。

朱長龍

爲眞正的民主自由喝彩

——讀高正《獄中自白》有感

本來八月八日要去貴州參加高正老弟外甥的婚禮，因我生病住院而未能成行。公子就讀北京大學的法學碩士學位，佳人就讀人民大學的新聞所碩士學位，數次提出要讀我的「不三不四」專業，讓我做他們的導師。有才高八斗的高正，有泰斗級的伯崑老，哪裡有我多嘴的份。我建議他們說：學哲學要去德國深造一下，結果他們居然婚後就直飛柏林去了。

九月十日我接到這對新人的電話，告我說高正「踏雪尋梅」去了。我當時的反應是「高正能淪為昔日盟友的階下囚」，難得！

西方政治我不懂，只聽說他們的「民主」制度是世界上最好的政治體制。可縱觀高正的經歷和當前美國的總統大選，我就看不懂他們的民主制度好在哪裡？

我看這好像是在演戲，而且是兒戲！我請他們轉告高正，如果「盟友」判他「反臺獨罪」，高正不妨當一次二十一世紀的夏明翰，反正他是哲學大家、又是易學大師，生死早已參透了。

我的潛意識中出現了一點幸災樂禍。高正啊高正，讓你才高八斗、「太極思維」，讓你重享文王鐵窗之苦，再驗證一下「應憐高處多風雨，莫到瓊樓最高層。」你高正老弟可以倒背周易，倒背六十四卦，你卻忘了乾卦、陽極陰生之理。讓你反對臺獨幫！我急切等待高正出來時的第一篇自白。他的書，我幾乎全都讀過，總覺得理論深、涉及面寬、邏輯性強；但我總覺得少了點什麼？我曾和高正開玩笑說，餓你一百天，爬起來時旁邊有一頓黃金、一個臺灣總統任命書、兩個土豆，你先要哪個？可以先要總統寶座，然後差屬下備餐；也可以先要黃金，然後讓他人去買食；也可以先吃土豆。他的選擇與我的選擇有點小小的差異，我說你太理性了，太人格化了，太偉大了。我們則不同，我們太知道什麼是餓肚子，所以我們也太知道珍惜今天的日子。高正這次有了新的體驗，他會昇華。文王演后天八卦於羑里。我急切盼望看到他的自白手稿。今天一夜我翻看了兩遍，當看到「如果參不透，人生何處非牢籠；要是參透了，哪兒能牢籠得住我自由的心靈」時，我在激動之餘寫出了這篇亂七八糟的東西。

高正自白中使人感到那些自稱為「民主社會」、「人權社會」的國度裡，是「聖人滿街走，禍水沿街流。」我的一位王姓好友家裡養了一隻鸚鵡，好友的上司經過他的門口問了一句：「老王在家嗎？」鸚鵡回答：「你媽×。」氣得那位上司說道：「你這說人話不做人事的混蛋東西！」中國人各憑天理良心，殫精竭力，盡心盡責就是愛國。愛中國是行為，不是空言，是犧牲自己為民族、為中國，而不是犧牲別人發達自己。臺灣官方自稱為加強國防而從美國買進新式武器，而臺灣納稅人的錢在美國則有了新的戶頭。

前美國駐華公使弗蘭克・克萊恩先生曾對舊中國的人說過：「……不必高喊民族統一、救國，只要你們的公務員都誠實不欺、心口皆同、言行一致，中國就能強大。」美國人是如此說中國人的。就高正事件和美國總統選舉之事，我對他們的民主制度想了很久，原以為「衙門朝南開，有理沒錢莫進來。」只是在封建的舊中國存在，想不到在二十一世紀的今天，在文明的國度裡，仍然是「無錢便無理」。美國總統的選舉，也不過是金錢角逐而已。

看到臺灣的地震；看到八掌溪四個工人被水圍困無人救援，在眾目睽睽之下被大水吞沒；……，臺灣當局可否少說些大話，多為臺灣民眾做些小事，少說些空話，多辦些實事，少說些廢話，多辦些正事呢？從高正事件也可看出，「君子得勢以行其道，小人得勢以揚其欲」，道行則民治，欲行則民亂。

高正自白的前半部，表現了他可以擺脫任何經驗條件，甚至擺脫——做為人一生中所有經驗條件成為可能的——生命來維護至高無上的人性尊嚴——人格。他在人生理想上設定了自己是自己行為的立法者，這是高正踏雪尋梅的最大收穫。

再聽到高正談吐時，感到他對「自由」又有了更深刻的理解。他對康德把人的權利視為至高無上，有了新的體驗。國家之所以存在的目的，國家終極目標就是維護人的尊嚴，維護人的自由。自律與自主，使人做自己的主人。他對中國特色理論的理解，他對早日統一的必要性與必然性的論述，比他早期的作品都有了昇華的光彩。

祝高正的自白書早日與讀者見面，願他為祖國統一、人民幸福、國泰民安做出新的貢獻，長存浩然正氣，永保太極境界，讓浩太之氣永存。

許延濱教授

二〇〇〇年十一月十四日凌晨於方圓齋

國家圖書館出版品預行編目資料

獄中自白——論臺灣前途與兩岸關係

朱高正著. – 初版. – 臺北市：學思，2000 [民 89]
面；公分

ISBN 957-15-1050-5 (平裝)

1. 政治-臺灣
2. 兩岸關係

573.09 89017570

獄中自白——論臺灣前途與兩岸關係（全一冊）

著作者：朱高正
出版者：學思出版社
發行人：鮑邦瑞
發行所：學思出版社
臺北市復興南路一段三一八之一號十樓
電話：(〇二)二三六三〇四五一
傳真：(〇二)二三六三六三三四
總經銷：揚智文化事業股份有限公司
臺北市新生南路三段八十八號五樓之六
電話：(〇二)二三六六〇三〇九
傳真：(〇二)二三六六〇三一〇
E-mail:tn605547@ms6.tisnet.net.tw
網址：http://www.ycrc.com.tw
郵政劃撥：1453497-6
印刷所：宏輝彩色印刷公司
中和市永和路三六三巷四二號
電話：二二二二六八八五三

定價：平裝新臺幣二〇〇元

西元二〇〇〇年十一月初版

ISBN 957-15-1050-5（平裝）